HANDBOK FÖR SÅRADE HELARE

VIVEKA ERIKSSON

HANDBOK FÖR SÅRADE HELARE

– älska dig själv först så hjälper du från ljuset

Förlag: BoD – Books on Demand, Stockholm, Sverige
Tryck: BoD – Books on Demand, Norderstedt, Tyskland
ISBN: 978-91-8057-987-2

Denna bok tillägnar jag Hannah och Emil, mina älskade barn. Jag har alltid vetat att min kärlek till er sträcker sig över tid och rum.

Till Marta och Ingegärd, min mormor och mamma, vill jag uttrycka min djupaste tacksamhet för att ni tog på er uppdraget att lära mig denna livsläxa.

Innehåll

Till lilla Viveka

Flickan hette Viveka. Hon var en helt vanlig liten flicka, ändå alldeles olik alla andra. Det sägs att hon inte överlevt om det inte varit för att hon föddes i maj när göken gol och körsbärsträden stod i blom.

Hennes mormor och morfar hade hämtat henne när hon var nyfödd och skrynklig och inte fick sin mammas bröst. De tog hand om henne och uppfostrade henne och gav henne all kunskap om livet de själva hade samlat.

Hon växte upp till ett behagligt barn, med stora blå ögon och ljusblont hår.

Lilla Viveka visste tidigt att hon var född med ett kall. Hon var en hjälpare. Hennes medkänsla med allt levande var total och hon kände sig lika nära det ljusskygga krypet under en sten, som stjärnorna på himlen.

Men inget gjorde den lilla flickan så glad som blommor. När hon fick hjälpa sin morfar att vattna ringblommorna i rabatten och han visade henne hur sömntutan öppnade och stängde sina kronblad på morgonen lyste hennes ögon och hennes skratt hördes vida omkring och gladde människorna.

Den lilla flickan tyckte att hon hade sin framtid utstakad. Hon skulle fortsätta vara glad och njuta av allt det vackra. Lite kunde hon ana hur svårt det skulle bli. Hur hon skulle såra andra och göra sig själv olycklig på vägen.

Under många år skulle mörkret fylla hennes hjärta. Men hon gav aldrig upp. Hennes envisa försök att bli den hon var menad skulle till sist bära frukt.
Det här är berättelsen om hennes resa.

INLEDNING

Det här är en bok för dig som gått igenom egna svårigheter och någon gång känt att du hjälpt andra för mycket och på fel sätt. Jag själv är en sådan person. I boken delar jag med mig av min livshistoria och de insikter jag gjort om hjälpande. Ta till dig det du tycker du behöver och låt resten vara. Jag gör inga anspråk på att ha en objektiv sanning eller en lösning för alla.

DET HÄR ÄR VAD JAG TROR OM HJÄLPANDE:

Självuppoffring och martyrskap är det största hindret för ett sunt hjälpande.

Om ditt hjälpande utgår från en brist är det inte hälsosamt. Varje försök att ge en annan människa något du nekar dig själv tillgång till; kärlek, omsorg, medkänsla, skapar på sikt bitterhet och sjukdom hos dig själv. Bilden av den osjälviska hjälparen som till priset av sitt eget välbefinnande oförtrutet står till förfogande för sin medmänniska är en gammal programmering av vårt omedvetna som inte leder till helande för någondera parten. Istället är det genom att hela oss själva först som vi blir mer tillgängliga för andra. Hjälpande kräver balans.

Trots att konsekvenser som sjukdom, utbrändhet och beroende ofta följer i spåren på ett ensidigt hjälpande både i jobbet och privat, väljer många att inte vända blicken mot sig själv för att tillgodose sina egna behov. Själva lidandet blir ett beroende och den del av dig själv som du väljer att identifiera dig med. Självuppoffring och martyrskap kommer som resultat.

Det första steget mot ett sunt hjälpande är att släppa taget om skuld och skam.

Anledningen till motståndet är bristen på tilltro till ditt eget värde. Om värde inte är något du föds med och som är ditt bara genom att du existerar, måste det förtjänas genom att upprätthålla samhällets och familjens normer. Avviker du påläggs du skuld. Du lär dig tidigt skämmas över den du är och lägger lösningen på dina problem utanför dig själv. Därför är det första steget mot ett sunt hjälpande att vända sig inåt och att börja släppa taget om skuld och skam.

De första 37 åren av mitt liv levde jag i stort sett ovetande om att jag hade lagt fokus utanför mig själv och kunde inte förstå alla problem som gradvis tornade upp sig. Jag tyckte jag hade gjort allting rätt. Jag hade rest, utbildat mig till socionom, förverkligat drömmen om att jobba i ett annat land. Jag var gift och hade två barn. Ändå blev mitt liv till slut ohanterligt. Att jag hade ett nära nog tvångsmässigt fokus på andra människors problem och samtidigt höll tillbaka mina egna känslor och behov var helt normalt för mig. Inget jag vid den tidpunkten såg som problematiskt.

Förändring skapas genom vandringen på helandets väg.

Jag tror att du vid något tillfälle i livet ställs inför ett val. Vill du fortsätta den inprogrammerade vägen mot uppoffringar och lidande eller är du beredd att ge dig iväg i en ny riktning och börja tillgodose dina egna behov. Det är ofta inte förrän konsekvenserna av dina val blir så allvarliga att hela din värld rasar ihop, som du ser en ny väg.

Vandringen på helandets väg ger nya insikter. Här är några av de viktigaste jag har identifierat:

Du försöker inte längre ändra på en annan människa. Du tillåter alla omkring dig att vara, göra och ha allt de behöver och du fortsätter att göra ditt. Du är observant på när du intar en dömande attityd. Både när det gäller dig själv och andra. Du vet att du inte är här för att avgöra vad som är rätt och fel. Däremot låter du ingen annan tala om för dig din egen sanning. Du lyssnar på det som resonerar djupt inom dig och följer det. Om och om igen. Och du tillåter dig att säga stopp när någon inkräktar på din integritet därför att du respekterar dina egna gränser.

Att ödmjukt respektera din storhet och låt ditt ljus lysa är den bästa hjälpen.

Någon gång under vandringen på helandets väg börjar du inse ditt eget värde. Insikten är ofta djup och skrämmande. Uppgiften för dig är att integrera ljuset och låta en ny blid av vem du är framträda. Ömsa skinn. Eller helt enkelt sluta motsätta dig transformationen från puppa till fjäril. Att ödmjukt respektera din storhet och låta ditt ljus lysa.

Älska dig själv först. Då står du i ljuset när du vill hjälpa.

Att hjälpa från en position i ljuset är enkelt och lustfyllt. Förändring och helande är inte längre abstrakta företeelser som måste förklaras eller påtvingas eftersom du är förändringen och helandet själv.

När du är medveten om att du har en fri vilja och själv väljer ditt liv behöver du inte bära någon annans börda av skuld och skam. Du är aldrig ansvarig för någon annan, om det inte är ett barn. Du hedrar din egen sanning och lyssnar på och hedrar andras sanning.

Det finns inga frälsare. Det finns ingen som kan rädda en annan människa. Om du försöker göra det kränker du den andra människans rätt till självbestämmande och fria val. Du väljer din verklighet. Andra väljer sin.

Om någon kommer till dig och ber om hjälp, från en självbestämmande person till en annan, så ger du det från ett respektfullt perspektiv; här är min tanke, här är min känsla. Det här är vad jag ser. Du har inte rätt eller fel. Ger bara ditt perspektiv. Andra kan ta emot eller strunta i det. Du är inte beroende av att utgången av ditt råd ska bli som du önskar.

MYTEN OM DEN SÅRADE HELAREN

Man blir inte upplyst genom att föreställa sig figurer av ljus utan genom att göra mörkret medvetet. Den senare proceduren är dock obehaglig och därför inte populär. – C G Jung

Den sårade helaren är en jungiansk arketyp, en universell bild i det kollektiva omedvetna, som ibland används för att förklara varför personer med ogynnsamma erfarenheter från barndomen ofta väljer yrken inom socialt arbete och andra människovårdande områden.

Myten om den sårade helaren finns i en mängd olika kulturer. I den västerländska kulturen uppenbarar den sig först inom den grekiska mytologin som Chiron, kentauren som blev sårad av en av Hercules förgiftade pilar. Chiron dog inte, han var odödlig, utan tvingades leva återstoden av sin tid med sitt sår. Det enda sättet han kunde lindra sin smärta på var att hjälpa andra.

Genom sitt eget lidande ökade Chiron sin förståelse för andras plågor. Såret var källan till hans smärta, men också till hans kraft.

Myten är vacker och djupt insiktsfull och ger en fingervisning om var du har din uppgift i livet att fylla, men kan bli svår att förstå om du inte samtidigt utgår från att Chiron älskar sig själv och ger sig själv det han behöver först.

Enligt Carl Gustav Jung, den schweiziske psykolog som utvecklade begreppet arketyp, är kännetecknet på en god terapeut inte heller intellektuell träning, metoder och tekniker, utan en villighet att se sina egna sår och låta dem läkas som en biprodukt av klientens helande. Jung understryker också betydelsen av terapeutens egen terapi och personliga transformation för att kunna utöva sitt yrke.

Det är såren som lär oss våra livsläxor och gör det möjligt för oss att beröra och tona in på andra människors våglängd och hjärta. Att undersöka våra sår ger oss möjlighet att bygga en bro av empati till andras smärta. Men det blir aldrig tillräckligt. Vi är inte menade att förbli sårade i alla evighet.

Som tidvattnet skiftar i ebb och flod är vi tvungna att röra oss framåt, läkas och bli helare för andra genom våra egna exempel. Såret är inte bara den plats där ljuset går in, som den persiske poeten och mystikern Rumi så vackert formulerade det. Det är också den plats genom vilken kärleken och medkänslan strålar ut i världen.

Ditt eget helande är alltså inte endast en biprodukt av »klientens«. Inte förrän du är villig att se dina egna sår och börjat läka dem har du fått förmågan att hjälpa någon annan.

Hur vet man då när helandet har skett? Svaret kan vara den dag du accepterar att livet var tvunget att utveckla sig på det sätt det gjorde. När du helt och fullt erkänner anledningen till ditt lidande.

Men att bara acceptera räcker inte. Du måste också visa upp dina ärr. Bevisa att du överlevt slaget. Att du har segrat.

Att ärren är dina, men att de inte smärtar dig längre.

ÄR DU EN SÅRAD HELARE?

CHECKLISTA

Bär du en sårad helare inom dig?

Här är några kännetecken jag funnit:

- Sedan du var liten har du vetat att du vill hjälpa människor.

- Ibland hjälper du för mycket och på fel sätt.

- Du har gått igenom egna svårigheter.

- Hjälpandet gör din egen smärta uthärdlig.

- Du tar inte dina egna behov på allvar.

- Du pendlar mellan att hjälpa för mycket och att stänga av.

- Du tänker att du har en skuld att betala.

- Du vill alltid bli en bättre människa.

- Du har en stark känsla av mening med ditt liv.

ÄG DIN BERÄTTELSE – ÄG DITT LIV

The reason for evil in the world is that people are not able to tell their stories. – C G Jung

Ett sätt att identifiera återkommande mönster och teman i livet är genom att berätta. I berättelsen är du själv huvudperson och istället för att inta rollen som passiv åskådare är det du som skapar intrigen.

Risken att utsätta sig för andras blickar, att visa upp sig och kanske inte hålla måttet, känns förmodligen inte speciellt lockande.
Det krävs mod för att vara sårbar.
Men det behövs egentligen inte någon yttre betraktare för att tysta oss. Det räcker ofta med hur vi med våra egna ögon kritiskt granskar vilket intryck vi tror vi gör.

Vad finns det då för fördelar? För det första ger dig berättandet en känsla av sammanhang. Om du kan berätta ditt liv och uppleva en känsla av meningsfullhet och sammanhang ökar dina möjligheter att hantera oförutsedda situationer och utmaningar. Din identitet stärks. När du äger din berättelse kan du inte objektifieras eller standardiseras. Du har kontroll över händelseförloppet och kan läka din självbild.

Ett längre tidsperspektiv ger också förståelse för gjorda val och beslut och hjälper dig att se vad det var som hände när du började vända tillbaka till dig själv. Vilka steg tog du? Vad gjorde du som var rätt? Att läka efter en kris ger styrka och mod att ta sig an nya utmaningar. Du kommer starkare ur krisen än du var innan.

Alla vill vi vara älskade. Alla tror vi ibland att vi inte riktigt duger.

Att berätta är att återerövra sin mänsklighet, förmedla hopp och ge redskap till andra att börja läka.

Det är därför jag kallar min livsberättelse för Handbok för sårade helare.

Jag ska ta hand om mig själv först

Meningen med livet är att bli den du verkligen är. –
C G Jung

Den dagen vägde min mormor bara 38 kg. Hon såg ut som
en liten fågelunge i den vita sjukhussängen. Ändå skulle ett
av hennes ben amputeras dagen efter. Förtvivlat försökte jag
räkna ut hur mycket ett ben kunde väga och subtrahera det
med kroppsvikten, men det gick inte. Den söta och syrliga
doften av diabetes blandad med lukten av rengöringsmedel
fick mig att må illa och allting snurrade.

Kroppen rörde sig hela tiden oroligt i sängen och emellanåt
kom små viskande vädjanden genom morfindimman. Sedan
öppnade hon plötsligt ögonen och pressade med stor svårighet
fram uppmaningen hon gett mig om och om igen sen jag
var liten: »Ta hand om din mamma, Viveka. Lova mig att du
tar hand om din mamma när jag är död.« Jag svarade med
fingrarna korsade bakom ryggen precis som jag alltid gjort:
»Ja visst mormor, det ska jag göra. Jag lovar.« Sedan tillade
jag som jag brukade för mig själv: »Men inte som du tror. Jag
ska ta hand om henne på mitt eget sätt. Jag ska ta hand om
mig själv först.«
Efter det var proceduren över och jag kunde börja andas igen.

Tillägget var hemligt och förbjudet. Först långt efter hennes
död skulle jag inse vilken kraft det hade legat i det. Men
löftet till mig själv innebar också ett moraliskt dilemma. Jag
upplevde min mamma som en häxa som försökte suga livet
ur mig. Självisk, rentav narcissistisk med en handväska full

av pillerburkar och en lång lista på »fästmän«. Fullständigt ointresserad av mig förutom de stunder hon tvingade mig att lyssna på henne. Fullständigt oförmögen att ta hand om sig själv. Ändå skulle det vara min skyldighet att älska och ta hand om henne. Hon hade gett mig livet och samtidigt tagit det ifrån mig. Löftet som avkrävdes mig var obegripligt, men samtidigt omöjligt att vägra.

Den dagen på sjukhuset när hon låg där hjälplös i sängen var det extra tungt. Löftet till mig själv kändes egoistiskt. Men samtidigt visste jag att jag försatt mig i en situation som gjorde det omöjligt för mig att följa min mormors vilja. Jag jobbade som socialsekreterare, levde i ett stormigt äktenskap med en man som drack för mycket och som jag misstänkte hade börjat använda droger igen och jag hade två små barn. Jag hade redan en vilsen och utagerande vuxen att ta hand om, men såg ingen koppling till relationen till min mamma eller löftet till min mormor.

Jag kände smärtan i min mormors kropp i min egen och jag kände fantomkänslorna av det ännu inte amputerade benet. Jag kände ångesten, skräcken och sorgen och jag visste inte om det var min eller hennes.

Jag var fullständigt utmattad och samtidigt full av oro. Min lilla mormor som alltid tagit hand om mig efter bästa förmåga och uppfostrat mig som sitt eget barn. Snart skulle hon inte längre finnas som en skyddande krockkudde mellan mig och min mamma.

I min mormors värld hade det inte funnits några tveksamheter över vems liv som skulle prioriteras. Det hade aldrig varit hennes eget. Äldst av tio barn i en statarstuga hade hon tidigt fått ta ansvar och passa sina småsyskon. Men trots att hon hade blivit berövad alla sina tänder i tjugoårsåldern och blivit försedd med löständer av den tidens förebyggande tandvård för fattiga, hade hon aldrig riktigt förlorat förmågan att bita ifrån sig. Jag kan inte klandra henne för hennes undfallenhet mot en äkta man som var begiven på sprit och en krävande, självfixerad dotter. Egentligen inte heller kalla det för medberoende. Det var bara så det var helt enkelt. Hon hade varit stark. Överlevt och hållit ihop familjen. Nu var det enligt hennes sätt att se det min tur att ta över stafettpinnen.

Idag förställer jag mig att hon dansar över molnen på sina vackra ben. Full av glädje och full av tacksamhet över insikterna hon gav mig genom att försöka avkräva mig ett löfte. Kanske dansar hon med en bananklase runt höfterna likt Josephine Baker som hon i hemlighet beundrade. Säkert den mest förbjudna bild hon kunde tänka sig av sig själv i sitt jordiska liv.

*

Länge levde jag i övertygelsen om att jag svikit mitt löfte till mig själv. Det var som om livet ständigt gav mig nya personer och situationer som jag behövde pröva min tes på. Gick det att sätta sina egna behov framför sin mans? Gick det att sätta sina egna behov framför sina barns? Gick det över huvud taget att se till sig själv framför alla andra olyckliga lidande människor i världen?

Det skulle ta många år av mitt liv att utforska och acceptera relationen med min mamma. Och nej, det finns inget så kallat lyckligt slut på min berättelse på så sätt att jag kunde börja tycka om henne eller träffa henne tack vare att jag ändrade på mig själv tillräckligt mycket.

Det finns en annan typ av slut. Ett mycket bättre. Både för henne och mig. Jag lärde mig till sist att ta hand om mig själv först. Precis som jag hade lovat mig. Inte bara i relationen med henne utan i alla relationer. På så sätt blev hon fri att slippa leva ut sitt eget drama och jag fri att välja hur jag ville att mitt eget liv skulle gestalta sig.

Min resa

*Att jag föder de hungrande, förlåter en förolämpning
och älskar min fiende… dessa är stora dygder. Men tänk
om jag skulle upptäcka att de fattigaste av tiggare och
de mest oblyga av brottslingar finns alla inom mig och
att jag står i behov av allmosor av min egen godhet; att
jag själv är fienden som måste bli älskad, Vad händer
då? – C G Jung*

1.

Terapeuten tittade upp över kanten på sitt anteckningsblock.
»Så du skyndande dig in på rätt sida skrivbordet?« Jag måste
ha nickat häpet. Rätt sida skrivbordet. Jag var socialsekrete-
rare. Inte klient. Frisk. Inte galen. Var det så jag undermedve-
tet gjort mitt yrkesval och försäkrat mig om en plats bland de
fungerande? »Så skulle man kanske kunna säga. "Jag minns
att jag blev förvånad, men att bilden gick rakt in i mig. Ändå
var jag ovillig att instämma.

Det hade gått några år efter att min mormor fick sitt ben
amputerat. Hon hade levt ytterligare en tid. Sedan stilla
somnat in på ett vårdhem. För min del hade hennes död
utlöst en galopperande kris. Plötsligt stod jag inför det
fruktade faktum jag hoppats aldrig skulle infinna sig; min
mamma vände all sin uppmärksamhet mot mig. När jag
vägrade träffa henne kontaktade hon psykiatrin och krävde
att en psykolog skulle kalla in mig och tala om för mig att
min mamma älskade mig och att det var min skyldighet att
ta hand om henne.

Under årens lopp vet jag inte hur många psykologer, socialsekreterare och kuratorer som kontaktade mig med olika typer av hot och vädjande efter att hon berättat sin historia om den ovilliga, kärlekslösa dottern. Varje gång de ringde fick jag träna på att säga nej och låta deras, i mina öron, självrättfärdiga harm vibrera oemotsagd i luren.

Men den där första gången jag fick en tid hos en psykolog tillsammans med min mamma hade jag gått till det inbokade mötet. Jag minns att jag bröt ihop. Skrek besinningslöst till min mamma att jag hatade henne. Jag minns också hennes reaktion och avvisande svar levererat med stor självklarhet; man kan inte hata sin mamma. Psykologen hade bestört frågat om jag kunde klara mig över helgen. Sedan skulle hon ta kontakt med någon som kunde hjälpa mig. Jag hade förvirrat noterat att det hade varit mig psykologen vänt sig till. Inte min mamma. På något sätt hade det känts bra. Helgen hade jag tillbringat i sängen. Oförmögen att röra mig.

Nu satt jag hos terapeuten som jag blivit rekommenderad. Hon hade antytt att jag valt att bli socionom av personliga skäl. Det hade aldrig varit min bild, hade jag försökt förklara. Jag hade sökt till Socialhögskolan direkt efter gymnasiet i den bestämda avsikten att förändra världen. Den yttre världen. Det hade varit 70-tal. Sociala problem skulle lösas med insatser från samhället. Jag hade kunnat resa fritt över hela världen med mitt svenska pass och visa min solidaritet med befrielseorganisationer och förtryckta folk. Överallt hade jag blivit väl mottagen och jag hade känt mig som en hjälte. Jag hade kört buss genom Sahara och varit gäst hos Polisario, befrielserörelsen i Västsahara, solidaritetsarbetat i Nordiska brigaden på Kuba, besökt Moder Teresas barnhem i Calcutta. Gått Sidas biståndsarbetarutbildning på Sandö och slutligen biståndsarbetet i det nyligen befriade Guinea-Bissau. Listan kunde göras lång. »Det var så mina motiv hade sett ut«, förklarade jag. »Jag ville lindra lidande med politiska och strukturella insatser.«

Men terapeuten släppte inte tanken. Hon tittade utforskande på mig. »Hade du inga andra motiv?« Jag tänkte efter. Att jag skulle ha haft ett inre barn som hade behövt bli älskat kunde jag inte komma ihåg att jag reflekterat över. Det enda jag mindes var den välbekanta känslan av smärta och den sköna känslan av befrielse när jag såg eller antog mig se någon annan lida och jag kunde lida med dem. Den lindrade min egen oro och fick mig att fungera. »Nej inte vad jag minns. Jag var på ett bra ställe i livet. Framtiden låg öppen för mig«, svarade jag istället.

Terapeuten prövade en annan ingång. »Hur var det att växa upp utan sin mamma?« »Det var inget jag reflekterade över. Det var ju min verklighet. Hade inget minne av att jag upplevt något annat«, svarade jag sanningsenligt. Terapeuten skakade på huvudet så att hennes stora röda hår gungade, antecknade något i sitt block och suckade tyst. »Men du måste väl i alla fall ha märkt att du inte bodde hos dina föräldrar som de flesta av dina kamrater gjorde?« Det var sant och jag kunde ge terapeuten ett uppmuntrande leende. Visst hade jag märkt att jag bodde hon min mormor och morfar och inte min mamma och pappa. Om inte annat så när jag kom upp i tonåren. Men att jag saknat en mamma som älskade mig och skyddade mig? Jag prövade tanken.
Det slog mig att min kusin hade en mamma. Kanske längtade jag efter en sådan mamma. Något väcktes i mig. Men vägen till känslorna var fortfarande lång.

Det var en mycket tålmodig terapeut. Hon tog emot mig och lyssnade på mig varje onsdag kl. 11.00 i nio år. Den tid det skulle ta att göra den första organiserade rundturen i mitt inre och riva de yttersta murarna omkring min sårbarhet och längtan efter en mor.

2.

Några månader före min mormors död hade jag bett min man att flytta. Planerna hade framkallat mycket ångest och tvivel, men det avgörande beslutet hade föregåtts av en incident på barnens förskola. En dag när jag kom för att hämta dem hade en av förskolelärarna bett att få prata med mig. Hon berättade att hon var orolig för barnen och att hon ibland tvekade att lämna ut dem till deras pappa därför att han luktade sprit och var uppenbart berusad när han kom för att hämta dem. Jag hade chockad försökt att förneka och förminska hennes oro. Jag var ju trots allt själv socialsekreterare och det fanns ingen anledning att tro att barnen på något sätt skulle fara illa i deras hem, hade jag förklarat för henne. Men en spricka i fasaden hade uppstått. Och den spred sig i raketfart. För första gången hade någon utomstående bekräftat det jag själv inom mig hade vetat länge, men hela tiden försökt förtränga.

Den förskoleläraren blev sedan en av mina förebilder och jag har tackat henne många gånger. Hon var den enda som konfronterade mig när så många under så många år måste ha sett och vetat. Min familj, mina vänner, mina arbetskamrater. Ingen kommenterade att min man luktade sprit och uppförde sig märkligt. Det var som om det lilla barnet i Kejsarens nya kläder talat till mig. »Han är ju naken. Kejsaren har inga kläder på sig« och det gick rakt in i mig.

Morgonen jag bad honom flytta reste han sig upp och gick utan diskussioner. Han måste ha blivit lättad. Hans missbruk hade gått så långt att det blivit för svårt för honom att hålla skenet uppe och för mig var skenet viktigt. Allt våld jag gjorde på mig själv för att inte se och inte känna, vägde fjäderlätt mot omvärldens granskande blickar. Min skam var så stor. Skulden hade jag lagt på honom. Långt utanför mig själv.

Skilsmässan innebar först en väldig lättnad. Jag tyckte att jag hade blivit av med »problemet«. Sedan började jag långsamt märka att jag själv inte mådde bra. Att bli ensamstående mamma var en stor omställning både ekonomiskt och praktiskt, men utöver det gjorde sig även en välbekant tomhet påmind. När det tidigt en morgon ringde på porttelefonen och min mamma och morbror kom för att berätta att mormor var död kändes det som om ytterligare en bit av min värld hade fallit bort.
Jag började ana att livet som jag känt det förut gick mot sitt slut och att det kanske skulle komma fler förändringar.

3.

»Remus, fråga dina översteprästinnor«! Rösten var tydlig och klar. Bilden jag såg framför mig i drömmen var av två spruckna lerkrukor. En smutsig man i trasiga kläder skymtade förbi. Jag kände mig plötsligt hotad och vaknade förskräckt.
Jag tittade mig förvirrat omkring. Var befann jag mig? Det tog en stund innan jag insåg att den surrande bordfläkten stod på ett litet enkelt hotell i Tunisien. Det var min första sommar som ensamstående och jag hade tagit barnen med på semester till Afrika, den kontinent som några år tidigare varit mitt tillfälliga hem.

Fortfarande förvirrad insåg jag att jag hade drömt. Men uppmaningen hade varit tydlig. »Remus, fråga dina översteprästinnor.« Jag visste vilka Romulus och Remus var. En bild av det föräldralösa tvillingparet, grundarna av det antika Rom, som diade sin fostermor, vargen, hade hängt över min säng när jag var barn. Mitt huvud fylldes av frågor. Varför Remus, inte Romulus? Vilka var mina översteprästinnor? Jag visste att det var viktigt, men kunde inte tolka budskapet.

Att jag haft en klardröm hade av någon anledning inte förvånat mig så mycket.

Med mig i bagaget hade jag haft den amerikanska författarinnan Shakti Gawains bok Att leva i ljuset. Strax innan jag lämnade min man hade jag börjat meditera och bara på dessa få tillfällen när jag kunnat komma ifrån och ta en liten stund för att vända mig inåt hade en kontakt med något nytt och häpnadsväckande etablerats.

Några dagar tidigare hade vi besökt resterna av Kartago i norra Tunisien. Den guidade bussturen hade varit spännande. Vi hade kommit fram mitt på dagen och barnen var trötta och varma i den brännande solen. Det hade krävts ganska mycket fantasi för att förstå hur det hade sett ut när husen hade varit uppbyggda och människor bott där. Men så emellanåt, som liksom i en tidsmaskin, dök en bild eller en mosaik upp och platsen hade blivit levande.

Kanske var det den händelsen som utlöst min dröm om Remus. Jag visste inte. Men jag kände att jag var tvungen att forska vidare och försöka förstå.

När jag kom hem läste jag allt jag kom över om det romerska tvillingparet. Det var inte mycket som stod till buds. En dag, på väg hem från terapin gick jag bort till Korthuset på Triangeln. De hade lagt lite böcker i en korg utanför affären. Döm om min förvåning när jag sticker ner handen och rör runt lite och kommer upp med en sliten pocket med blå pärmar och titeln Romulus och Remus. När jag ska betala i kassan säger expediten att hon inte vet var boken kommer ifrån och därför inte kan säga vad den kostar.

Jag kommer inte ihåg hur mycket jag betalade eller ens om jag betalade något över huvud taget. Minns bara att jag tänkte att händelsen inte kunde ha varit en slump.

Remus blev mördad av sin bror, som tog åt sig hela äran av att ha grundat Rom. Jag lusläste boken om deras historia och hur de bestämt sig för att grunda en stad i deras hemtrakt och blivit oense om var de skulle sätta upp stadens murar och om hur Romulus blivit så arg att han mördat sin bror och jag ansträngde mig att förstå. Myten gav mig en förståelse för att jag trängt undan en del av mig själv, så mycket blev klart för mig.

Det var inte förrän många år senare jag tillät bilden av den smutsige, potentiellt farlige mannen i drömmen komplettera minnet av de rena, marmorvita tvillingarna.

Då var det som om en skugga uppenbarat sig och det stod plötsligt klart för mig vilken del jag hade förträngt.

4.

»Vad var det för fel på din mamma egentligen? Vad innebar de här ´dåliga nerverna´ du säger att hon hade?« Terapeuten hade öppnat en ny session med frågan. »Jag vet inte«, svarade jag sanningsenligt. »Hon gick till olika läkare som skrev ut tabletter. Hade sina vinflaskor i garderoben. Ofta kom hon hem till oss och skrek. Bråkade. Jag minns min mormors ständiga hyssjande. Alla låtsade som om hon inte var där. Förmodligen för att jag inte skulle höra henne. I en tvåa på 53 kvm? Allvarligt? Sedan gick hon och dansade på restaurang. Min mormors hypotes var att om hon träffade en ny snäll man, så skulle nog det mesta lösa sig och jag skulle kunna flytta hem till henne igen.«

Sven, Bengt, Ingemar, Åke. Hon hade lärt mig rabbla namnen på alla hennes fästmän.« Ulf, Stefan, Göran, Benny, fortsatte jag tyst för mig själv. Hade inte jag på samma sätt börjat lära mig rabbla namnen på män jag hade haft sex med. Hastigt sköt jag undan tanken. »Jag levde hela min barndom med rädslan att jag en dag skulle vara tvungen att lämna min trygghet hos mormor och morfar och flytta hem till henne«. Orden hade forsat ur mig. »Det var som om giljotinens bila ständigt hängde över halsen på mig.« Ämnet var förbjudet. Inget man fick tala om. Det gjorde ont i kroppen.

»Åsynen av henne väckte alltid skräck i mig. Hennes doft äcklade mig. Mina första minnen av att träffa henne när hon skulle komma och besöka mig var total oförståelse och förvirring. Hur kunde denna människa, som min mormor och morfar sa älskade mig, som hade längtat efter mig och älskade mig högst av allt på jorden vara så ointresserad av mig att när hon kom hälsade hon knappt på mig. Jag kunde inte förstå det. Förmodligen var jag besviken.«

»Hur tror du hon hade blivit så sjuk? Vad hade hänt henne?« »Ingen aning.« Jag slog ifrån mig. Var inte beredd att försöka förklara. »Du förstår inte. Jag vet inte. Det var förbjudet att tala om. Om jag någon gång ställde en fråga fick jag inget svar.« Jag kände obehaget växa och försökte sluta andas.

»Hur har er relation påverkat din roll som hjälpare? Du har ju nekat den person som ändå stått dig närmast i livet, som fött dig, hjälp?«

Jag drog häftigt efter andan och för ett ögonblick blev jag alldeles stel.

»Det var hon eller jag«, svarade jag. Meningen hade kommit som en viskning. »Bara en av oss kunde överleva.«

Orden kanske hade låtit dramatiska. Men för mig hade det alltid varit en fråga om liv och död. Även om jag inte hade kunnat formulerat det så för mig själv tidigare. Jag visste att jag hade vanskötts under de korta perioder jag lämnats tillbaka i min mammas vård. Det var vad jag ibland råkade få höra i en bisats av någon vuxen som varit med. Min känsla var att hon sög energin ut ur kroppen på mig och att jag skulle dö om jag var kvar i hennes närhet. På motsvarande sätt utgick jag ifrån att hon skulle dö om jag inte tillät henne suga ut mig. Det gjorde hon nu inte. Men det kunde inte det lilla barnet veta. Istället inplanterades en känsla av otillräcklighet i mig. Jag räckte inte till.

5.

Hon hade varit så vacker. Bilden av henne som brud var bilden av en prinsessa. 20 år gammal. Klädd i vit sidenklänning och spetsslöja. På huvudet en myrtenkrona, helt enligt modet 1955. I öronen vita pärlor. Brudbuketten bestod av långa röda rosor.

Jag tyckte alltid bäst om bilden där hon satt ensam. Den hade hängt i fotografens skyltfönster länge, hade min morfar stolt berättat för mig. Bilderna där hon stod bredvid min pappa, klädd i sin militärmusikeruniform var inte lika spännande. Visserligen hade min pappa också varit stilig. Men det såg jag inte då.

Jag kunde aldrig se mig mätt på min mammas bröllopsfoto.

Kanske var det berättelsen om Kulla-Gulla och hennes upphöjelse från statarbarn till herrgårdsfröken som befäste övertygelsen i mig att min mamma var en bortbyting. Bilden av Kulla-Gulla på bokomslaget i full brudutstyrsel med myrtenkrona på huvudet var overkligt lik bilden av min mamma.

Likheten med samtida skönheter som Ingrid Bergman och Grace Kelly hade jag också hört min morfar prata om. Hade inte de också transformerats från »vanliga« kvinnor till någon typ av prinsessor?

Det var någonting med min mamma som jag definitivt inte förstod. Var denna drömlika kvinna på bilden verkligen samma person som kom hem till oss på kvällarna och skrek?

Övriga bilder på henne i lådan där mormor förvarade sina fotografier visade samma sak. En vacker flicka med lockigt hår och en fiol i under hakan. En ung flicka med blommor om halsen som tog realexamen. Det var verkligen en gåta för mig. Jag ville ju så gärna älska och se upp till henne.. Kanske i mina mest förbjudna stunder även drömma om att hon brydde sig om mig.

Någon gång när jag hade visat bilderna för henne hade hon fnittrat som ett barn. Jag minns inte att hon hade gjort några andra kommentarer.

Idag undrar jag om det var oförmågan att leva upp till ett ideal skapat av någon annan som knäckte henne. Men på något sätt är den förklaringen inte heller tillräcklig för mig. Jag vet att min morfar försökte skapa sin idealkvinna. Han försökte senare samma sak med mig. Jag vet att medicinerna som kom under den här tiden ansågs revolutionera den psykiatriska vården och jag vet att min morfar hela tiden försökte skydda henne från omhändertagande och mentalsjukhus. På samma sätt som han senare skyddade mig från omhändertagande och barnhem. Det finns ingen skuld. Jag söker ingen syndabock.

Varför ser jag hela tiden att männen gjorde sitt bästa men inte förmådde mer? Medan vi kvinnor aldrig var goda nog.

6.

»Jag älskar mig själv precis som jag är«. Året var 1993. Några månader före min skilsmässa. Jag hade läst Louise Hay, grundaren av det amerikanska förlaget Hay House och kvinnan bakom många metoder i självhjälpsarbete. Jag skrev affirmationen sida upp och sida ner i en anteckningsbok och jag rabblade den tyst för mig själv så fort jag kom ihåg. En idé hade vaknat i min hjärna. Om jag bara kunde ersätta en enda negativ tanke med en positiv så skulle någonting i mitt liv vara förändrat. Jag försökte räkna ut hur många gånger varje dag jag tänkte att allt skulle gå åt helvete. Det var oöverskådligt. En enda tanke. Det kändes möjligt. Jag behövde ju inte ens tro på den nya tanken, enligt boken. Bara upprepa den.

En upplevelse några år tidigare hade börjat söka mig. Jag hade precis lämnat min arbetsplats i Kinesiska muren på Rosengård där jag arbetade som socialsekreterare. Det hade varit en solig sommareftermiddag och jag hade fem veckors obruten semester framför mig tillsammans med min man och barnen i vår husbil. Men jag var inte glad. Jag hade inte känt någon glädje. Insikten hade varit så stark när jag gick där på väg till busshållplatsen att den hade etsat sig fast i mitt minne. För jag hade heller inte varit ledsen eller orolig eller missnöjd på något sätt som jag brukade. Jag hade varit avstängd. Jag hade helt enkelt inte känt någonting över huvud taget. Och det tyckte jag att jag borde ha gjort.

Jag förstår idag att för att affirmationen »Jag älskar mig själv precis som jag är« skulle kunna bli verklighet var mitt liv tvunget att fullständigt rasa ihop. Så långt från sanningen levde jag,

7.

»Berätta om din uppväxt hos mormor och morfar!« Det var onsdag kl. 11.00 igen. »Den var bra«, svarade jag. Terapeuten fortsatte demonstrativt titta i sina anteckningar.

»Jag levde i min egen lilla värld.« Jag gjorde ett försök att förmedla mina upplevelser. »Jag lärde mig tidigt läsa. Fick börja ta pianolektioner. Lekte aldrig med de andra barnen på gården. Jag hade inget eget rum. Sovrummet jag delade med min mormor var till hälften fyllt med det stora pianot. Resten med våra sängar. I juni varje år flyttade vi till sommarstugan. Det tyckte jag mycket om. Jag älskade blommorna och ängarna vid havet.

Jag hade obegränsat utrymme i fantasin. På kvällen när jag skulle sova hade jag en speciell fantasi. Då blev jag Drottningen. Drottningen kunde bestämma precis allt vad hon ville. Oftast handlade det om vad hon skulle ha till middag eller vilken klänning och guldkrona hon skulle ha på sig. Jag brukade somna redan när jag höll på att bestämma färg på klänningen.«

»Hur var relationen med dina morföräldrar?«

»Den var väl bra. Min mormor städade alltid. Min morfar var som en gammeldags patriark. Det var han som uppmuntrade mig att läsa och spela piano. Han brukade ställa kluriga frågor och förväntade sig alltid ett svar. ʹViveka vad är det för skillnad mellan ett piano och en orgel? ʹPå en orgel spelar man med fötterna också´. Mina svar kom alltid omedelbart och flytande. Jag visste aldrig från var.

Jag »visste« många saker, fortsatte jag för mig själv i tankarna. Till exempel visste jag att alla människor på jorden hade haft en mamma och varit älskade. Därför kunde det inte finnas några helt onda eller någon som hade helt rätt i ett krig. Alla hade haft en mamma som tyckt att just deras barn hade rätt och var det finaste på jorden.

»Det blev till slut besvärligt för mig att veta så många saker«, avfärdade jag högt min tankegång. »När jag blev större och fick kamrater tröttnade de snabbt på mig när jag började berätta. Jag var nog väldigt lillgammal och knäpp.«

»Men kunde du inte se att dina kunskaper hade betydelse«? »Nej, för mig var de bara besvärliga«. »Vad kunde det handla om«?

»Det handlade mycket om hur man skulle leva. Om vad som var rätt och vad som var fel. Jag var mycket påverkad av krig.

Att man inte skulle skada någon annan. Jag klippte ut bilder
på soldater och sårade barn ur tidningarna och klistrade upp
över min säng.«

»Så du stängde av din kanal till kunskap.«

»Ja, jag valde att sluta ´veta´.«

8.

Jag slog mig ner i den svarta skinnfåtöljen. En exakt likadan
som jag själv hade haft och suttit i när jag ammade mina barn.
Det hade blivit rutin nu. Terapeuten tittade uppmuntrande
på mig men sa inget. Bara fortsatte titta. När hon inte fick
något gensvar frågade hon till slut.

»Så vad hände med den lilla Viveka när hon slutade ´veta´?
Berätta!«
»Jag fick kompisar. Blev populär i skolan. Jag hade alltid äls-
kat skolan, men nu var det inte längre lektionerna som var
det viktiga. Det var rasterna.«

»Vad gjorde du då till exempel?«
»Blev intresserad av killar. Gick på skoldans. Drack vin. Så-
dant som man gjorde helt enkelt.« Jag skruvade besvärat på
mig men fortsatte.

»Jag blev full och spydde ner mig första gången jag drack.
Ändå gjorde vinet mig hel. Det var som om jag hittat hem.
Jag hade hittat något som fick mig att bli någon igen. Alla
mina känslor av rädsla och ovärdighet försvann för en
stund.

Jag blev sådan jag trodde omgivningen ville att jag skulle vara. Killar delas upp i två grupper; kompisar och de jag låg med. »Kapitalismen« blev fienden. »Folken« mina vänner. Gud dog när jag konfirmerades. Kristendomen som predikades var obegriplig. Jag tror tiden som jag levde i gjorde det enkelt att bli rebell och göra uppror«.

Jag sökte efter orden. »Det bildades ett gap inom mig. Jag tror man kan säga att jag klövs. Allt blev svart eller vitt.«

»Hjälpandet. Blev det också en lindring mot … gapet?« Terapeuten hade medvetet använt mina ord.

»Definitivt. Men missförstå mig inte«, jag fortsatte hastigt, »det var också en bra tid. Det var sunt att ifrågasätta gamla värderingar och visa solidaritet, men jag tror det blev ett substitut för mig.«

»Hur menar du?«

»När jag blev äldre och hade börjat på Socialhögskolan ´hjälpte´ jag på ett märkligt sätt. Idag skulle jag säga egoistiskt. Jag hjälpte för att bli någon. Ofta helt oombedd, för att visa att jag inte var förmer. Men samtidigt för att berättiga min egen existens. Det handlade mest om mina behov. Jag tror inte många verkligen blev hjälpta.«

»Jag förstår inte. Kan du ta ett exempel?«

9.

En minnesbild kom till mig från tiden som biståndsarbetare i Guinea-Bissau. Vi hade suttit bakom skrivborden i en prydlig rad. Det hade varit jag och fyra guineanska tjänstemän i slitna vita skjortor som arbetade på samma avdelning. För ögonblicket hade luftkonditioneringen fungerat och det hade varit behagligt svalt i rummet. Jag befann mig på tidningen Imprensa Nacional i Bissau som också var det enda tryckeriet i landet och en av de få arbetsplatser portugiserna lämnat efter sig när den sista kolonialstyrkan hade lämnat landet knappt tio år tidigare. I deras fotspår hade en ny grupp européer anlänt; biståndsarbetarna.

Vi hade inte haft några arbetsuppgifter. Flugorna hade surrat uppgivet runt huvudena på oss och tiden hade gått olidligt långsamt. Befrielsen från tristessen hade som vanligt kommit i form av ett strömavbrott. Lättade hade vi samlat ihop våra papper när värmen gjort det omöjligt att sitta kvar i det kvava utrymmet och guineanerna hade börjat förbereda sig för den långa vandringen tillbaka hem till byarna. Någon lön för guineanerna hade inte betalats ut på många månader, transportmedel fanns inte tillgängliga och deras magar var oftast tomma under dagarna på arbetsplatsen.

Ändå hade tidningen kommit ut. Inte regelbundet och inte så ofta, men den hade kommit ut. Hur det hade gått till lärde jag mig aldrig att förstå, men jag visste att det inte var tack vare något bistånd. Tryckpressarna saknade reservdelar och bar stora skyltar med den kortfattade texten »avariado«, trasig. Sättarkasten saknade typer och i förråden stod travar med skrivmaskiner skänkta av välvilliga föregångare till mig. Råttorna hade för länge sedan ätit upp färgbanden och några nya fanns inte att tillgå.

Jag hade till slut uppfunnit mina egna arbetsuppgifter och konstruerat en enkät på min bristfälliga portugisiska, som skulle beskriva de anställdas arbetsförhållande. Med enkäten som underlag skulle jag kunna söka ytterligare medel för bistånd hade jag på mitt linjära, logiska sätt att tänka på kommit fram till. Hur det sedan gick med ansökningarna fick jag aldrig veta, men några år efter att jag kommit hem till Sverige igen hade jag på tv sett en upprörd guinean stirra in i kameran och förtvivlat fråga vart vi hade tagit vägen. Alla vi biståndsarbetare som kom med våra containrar fyllda med knäckebröd och Kalles kaviar från det rika Sverige. Fiskaren från Bohuslän som hade svårt att skilja på »bon dia« och »boa tarde«, godmorgon och godkväll, den pensionerade sjuksköterskan som hade sin container fylld av inkontinensskydd, min man som inte klarat trycket och blivit sjuk och jag som blev gravid och hade rest hem i förtid. Alla hade vi kommit med löften om hjälp. Blivit mötta som befriare men bara lämnat ytterligare förödelse efter oss.

»Du är för hård mot dig själv«. Terapeuten hade lyssnat med stigande häpnad. »Det är klart att ni gjorde skillnad«.

Jag funderade vidare. Visst mindes jag med kärlek fortfarande kvinnornas förtroliga fnitter när de smekte min mage och gratulerade mig till att vara gravid, långt innan jag trodde någon annan kunde se det. Vår empregada Eduardas ilskna protester när jag hindrade henne från att steka direkt på den elektriska kokplattan och de förvånande minerna när jag frågade efter något i affären som självklart inte fanns. »Ka tem«, finns inte, hade fungerat som ett mantra överallt utom i vänlighet och bemötande, som istället hade funnits i ett överflöd. Visst hade mötet med alla dessa människor påverkat både dem och mig. Men hade jag varit till verklig hjälp? Svaret var tveksamt.

»Men nu talar du ju om strukturella biståndsinsatser på en annan kontinent.« Terapeuten protesterade.

»Det är sant. Men det var samma sak här hemma. Jag har svårt att prata om det. Jag skäms. Trodde jag skulle hjälpa, men skadade bara mig själv. Jag kunde till exempel bli som berusad av en man som själv var berusad. Av smärtan i hans ögon. Då ville jag ge allt jag hade. Jag trodde han tyckte om mig och typ ville ha sex när han drog ner byxorna och bara ville visa sina vinsår.« Jag skrattade förläget. »Jag hade nog en väldigt skev bild av hjälpande.«

»Du ville ge det finaste du hade«, terapeutens röst hade blivit mjuk. »Dig själv. Till fullständiga främlingar.«

»Ja, så kanske man kan se det. Jag tyckte väl inte jag var värd bättre.« Nu hade det kommit ett stråk av förtvivlan i min röst. »Jag hade nog svårt att se mina egna behov.«

10.

Nej, min resa som hjälpare hade inte börjat bra. Vecka lades till vecka hos terapeuten. Kvart i elva varje onsdag lade jag rutinmässigt undan mina papper och gick den korta vägen från den statliga myndighet jag arbetade på till terapimottagningen. Jag satte mig i väntrummet och tittade förstrött i samma veckotidningar som jag hade tittat i förra gången.

Trots att terapisessionerna blev mer och mer obehagliga efter hand som jag kom i kontakt med mina känslor drevs jag av min inre övertygelse utan att veta på vilket sätt jag skulle kunna bli hjälpt.

Om du hade frågat mig varför jag inte gav upp och slutade i terapin när ingen synbar förändring skedde hade du fått svaret att jag inte ville bli sjuk. För jag var övertygad om att om jag inte redde ut mitt förflutna skulle jag få cancer och dö. Dessutom hade jag långt bak i medvetandet fortfarande minnet av mitt kall.

11.

En av insikterna som drev mig att fortsätta var minnet av att inte kunna känna.
Det var en vacker vårdag i slutet av maj 1994. Jag hade varit på möte i min självhjälpsgrupp för vuxna barn till alkoholister. Jag hade gått där några månader vid den tidpunkten och började känna mig hemma i gruppen och öppna upp mig mer och mer. Just denna vårdag hade gemenskapen känts underbar. Jag var inte längre ensam. Andra hade upplevt liknande saker som jag. De andra bestämde att de skulle träffas senare på eftermiddagen och åka till Knäbäckshusen på Österlen och grilla. Jag skulle åka med barnen till Lund och träffa en god vän. Det var något som var bestämt sedan länge och som jag visste skulle bli trevligt.

Plötsligt upptäckte jag, och detta är något jag inte riktigt kan förklara, att jag kände en längtan att följa med till Knäbäckshusen, men att jag tänkte att jag hade bestämt med min vän att jag skulle komma till Lund. Jag kände en sak och tänkte en annan! Upplevelsen var omvälvande. Det var som om två delar av mitt tidigare hoprörda medvetande hade separerats och blivit självständiga enheter med olika betydelse och olika energi.

Utan att på många år ha en aning om det hade jag fått en av de viktigaste principerna i Universum planterad i mig; Skapelseprocessen. Man talar idag om koherens mellan hjärna och hjärta och mäter frekvenserna av den syntes som uppstår i kraftfältet av mötet med modern teknik. I bibeln talar man om Fadern, Sonen och den Heliga Anden.

Mötet mellan tanke och känsla eller hjärna och hjärta finns representerat i alla kulturer och religioner på olika sätt, så vitt jag förstår. Den enklaste och mest ursprungliga dokumentationen kan vara genom geometriska figurer.

Mötet mellan den maskulina principen, fyrkanten, som representant för verkligenhetens fyra hörn, tanken och cirkeln som den kvinnliga principen, symbolen för evigheten, känslan, skapade tillsammans en mandala.
Symbolen för helhet.

Den bild som varit det sista jag sett varje kväll innan jag somnat. Figuren som skapades av stuckaturen i taket i sekelskifthuset jag bodde. Den fyrkantiga listen längs väggarna och den stora ringen av rosor i mitten bildade tillsammans bekräftelsen på det jag hela livet hade vetat men inte ännu haft ord för.

Mot alla odds följde jag med till Knäbäckshusen den eftermiddagen. Något nytt hade väckts i mig. Jag hade blivit medveten om att jag kände. Jag kunde identifiera en känsla. Men jag hade ännu inte lärt mig att sätta ord på den.

12.

Många år senare skulle jag sitta på ett möte i en annan
självhjälpsgrupp, och höra en man berätta hur han haft ett
andligt uppvaknande under sin Minnesotabehandling för
alkoholism. Hur det hade väckt hans längtan att dela sin
livsberättelse med andra. »Min berättelse ska förändra värl-
den. Den ska hjälpa andra«, hade han sagt. Sedan skrattade
han förläget.
»Så betydelsefull trodde jag att jag var.« avslutade han sin
delning med och slog ned blicken.

Jag minns att jag tänkte att så dum och självcentrerad var ju
jag också. Jag ville till och med skriva en bok om det.

13.

Solrosen. Jag förstod inte varför jag var så besatt av solrosen.
Den hade vuxit så snabbt. Först som en liten spinkig grodd.
Sedan allt kraftigare och kraftigare. När den siktade mot
växthusets tak, som den stod lutad mot, tänkte jag att det
nog var världens högsta och mäktigaste solros. Sedan bara
fortsatte den. Upp till takkanten och förbi. Med ett tydligt
mål mot himlen.

Sedan mindes jag berättelsen om elefanten. Elefanten som så
gärna ville komma upp till himlen, närmare solen, där alla
hans kamrater var. Han visste bara inte hur. Trots att han var
omgärdad av höga träd fanns det ingen möjlighet för honom
att komma upp. Han var ju elefant. Han kunde inte klättra.
Han vände och vred på problemet länge. Till slut kom han
på en idé. »Om jag bara kan hitta ett tillräckligt kraftfullt

frö kan jag sätta mig på det och kan jag bara sitta still och ha tålamod kommer jag förr eller senare dit jag siktar.« Eftersom han var en av naturen lat och godmodig elefant, helt ointresserad av hårt arbete, blev han mycket nöjd med sin idé. Sagt och gjort; elefanten gick för att leta efter ett frö och hittade snart ett solrosfrö. Belåtet satte han sig tillrätta på fröet och inväntade sin färd mot skyn.

Nu kanske ni tänker att det var en ovanligt korkad elefant som trodde att han kunde komma till himlen bara genom att bli buren och njuta av utsikten under färden. Men där sitter han nu. Högt upp bland molnen. Med en egen sol som lyser upp hans dagar.

Jag blev så tagen av berättelsen om elefanten att jag gjorde två bilder. En av den stora elefanten på solrosfröet och en av den utslagna solrosen med den lilla elefanten i mitten. Året kan ha varit 1997 och jag hade gått min första gestaltutbildning och lärt mig om perspektivförskjutning och att avsluta gestalter.

Idag tittar jag ut genom fönstret på andra våningen i huset där jag bor. Utanför lyser solrosen gul mot den blåa himlen. Tänk att jag kom upp, jublar det inom mig. Tänk att jag kom upp.

Jag behövde inte göra någonting för att bli älskad. Jag behövde inte prestera. Inte sätta min egen sol i skuggan för att någon annans skulle få lysa. Vi är alla solar i våra egna universum och när jag ger mig själv tillåtelse att lysa ger jag samtidigt dig tillåtelse att bli centrum i din värld.

Långsamt sluter gapet sig inom mig. Jag känner fysiskt i mitt bröst hur de majestätiska kontinenterna dras till varandra och

den brusande oceanen mellan dem långsamt stillar sig och kommer till ro. Är det så det känns att bli hel?
Kontinentalplattorna rör sig ständigt i förhållande till varandra, står det i Wikipedia. Finns det en varaktig fred? Nej den enda verklighet vi känner är förändring.

14.

Jag hade aldrig klarat mig om jag inte lärt mig tyda tecknen. Det var min största gåva.

En dag några månader efter jag bett min man att flytta, stötte jag av en händelse på en gammal kompis och hans fru nere på gatan utanför mitt hus.
Han hade jobbat på en myndighet där jag gjort en av mina praktikterminer på Socialhögskolan. Nu hade han slutat på myndigheten, läst färdigt sin jur.kand. och höll på att sätta upp en egen juristfirma.

Jag berättade för honom att jag skulle skilja mig, inte mådde speciellt bra och att jag trodde att jag hade varit gift med en alkoholist. Min vän reagerade omedelbart och erbjöd mig sin hjälp. Det visade sig att han själv var alkoholist och sedan ett antal år tillbaka nykter.

Några dagar senare bjöd jag min vän och hans fru på middag. Jag minns att jag blev orolig när de kom. Jag hade kokt blåmusslor i vitlök och vitt vin. En av mina favoriträtter som inte var så dyr. Kanske inte den bästa rätten att bjuda en alkoholist på hade jag desperat tänkt när de ringde på porttelefonen.

Men jag hade inte behövt oroa mig. Samtalet vid middagsbordet blev min introduktion till tolvstegsprogrammet och synen på alkoholism som en sjukdom. Fysisk, mental och andlig. Dessutom inkluderade stegen Gud. Det tilltalade mig i min nyfunna andlighet.
Alkoholen hade kokt bort ur vinet och min vän var kvitt sin mentala besatthet av spriten. Musslorna var ofarliga för honom. På något konstigt sätt verkade han mycket lugn och tillfreds.

Min vän talade om alkoholism som en familjesjukdom där alla blev påverkade av en persons drickande och berättade att det fanns hjälp att få. Han rekommenderade mig en familjevecka på Provita, ett Minnesotabehandlingshem som arbetade efter de tolv stegen. Eftersom min man inte på något vis i världen ville kännas vid att han hade problem och jag var desperat efter en utväg ur min situation, lyssnade jag. Den ogillande rösten i mitt inre som talade om för mig att jag överdrev och att min man inte alls var alkoholist och narkoman hade tystnat för några ögonblick och budskapet gått igenom. När jag fick bekräftat att jag kunde komma på en familjevecka, utan att ha en anhörig i behandling och utan att egentligen ha någonting att gå efter annat än en spirande känsla av irrationellt hopp, handlade jag direkt. Bestämt gick jag till min chef och ansökte om hjälp.

15.

»Viveka du måste sluta slå på dig själv.« Alkohol- och familjeterapeuten på Provita upprepade orden högre och tydligare. »Hör du Viveka, sluta slå på dig själv.« Jag snyftade tyst och försökte tänka som hon sa, men hon bara fortsatte uppmana mig. Till slut visade hon mig på mina händer och jag blev medveten om vad hon menade. Jag satt med vänsterhanden hårt knuten när jag talade, medan den andra handen metodiskt slog på den så hårt den kunde. Jag satt bokstavligen och slog på mig själv. Insikten var chockande. Men också förvirrande.

Skulle jag inte slå på mig själv? Jag hade ju gjort fel.

Veckan hade varit omvälvande. Jag var den enda i gruppen som inte hade en anhörig i behandling och tvivlet gnagde hela tiden i mig. Kanske överdrev jag min situation. Kanske var min man inte alls alkoholist. Men långa stunder när jag lyssnade på de andras berättelser och medan jag själv läste mina uppgifter högt om fyllor och svek för en tom stol där han skulle ha suttit, visste jag djupt i mitt inre att jag var på rätt plats. Dessutom hade en annan insikt börjat växa i mig. Möjligen kunde mitt val av man ha något med min uppväxt att göra.

Hade man inte sagt att min morfar, som jag var uppvuxen hos, hade supit bort sin firma på 30-talet? Hade inte min mammas konstiga beteende och smygdrickande någonting med alkoholism att göra? Det kändes väldigt märkligt att tänka i termer av alkoholism och beroende. Men om det var som jag nu misstänkte kunde onekligen många saker få sin förklaring.

Men jag hade fortfarande ett stort hinder. Jag var socialsekreterare. Jag befann mig på rätt sida skrivbordet. På så sätt immun. Oberörbar. Jag kunde helt enkelt inte ha några sociala problem. Eller problem av den karaktären över huvud taget. Jag kunde inte ha gjort så fel.

16.

Bekräftelsen kom som ett brev på posten. Första gången jag satte foten på ett möte i tolvstegsprogrammet visste jag med säkerhet. Jag var ett vuxet barn. Uppvuxen med alkoholism och dysfunktion i familjen. Plötsligt fick jag ett sammanhang och en förklaring.

För varje gång jag läste pamfletten med karaktärsdragen för vuxna barn på mötena sjönk insikterna djupare in i mig. Först motvilligt. Sedan med alltmer iver. *Vi levde livet från ett offers perspektiv.* Var det ens möjligt? Jag hade ju alltid varit handlingskraftig och fullföljt saker. *Vi föredrog att engagera oss i andra hellre än oss själva eftersom vi hade en överutvecklad ansvarskänsla.* Hade jag inte per omgående utbildat mig till socionom för att kunna engagera mig i andras problem. Och när inte det räckte rest jorden runt för att rädda fler? Oombedd. Alltid helt oombedd. Men alltid med en bra känsla för mig själv. *Vi fick skuldkänslor när vi stod upp för oss själva istället för att ge efter för andra.* Här var en riktigt svår nöt att knäcka. Jag hade ju stått upp för mig själv. I alla fall gentemot min mamma. Men skuldkänslor. Hade jag det? I så fall var hela mitt livsval en konsekvens av skuldkänslor. Tanken svindlade.

Vi var beroendepersonligheter, skräckslagna för övergivenhet, villiga att göra nästan vad som helst för att hålla fast vid en relation, för att slippa bli känslomässigt övergivna. Vi fortsatte ändå att välja otrygga relationer eftersom de liknade vår barndoms relation med alkoholiserade eller dysfunktionella familjer. Varför hade det varit så enkelt för mig att acceptera ett förhållande med en man som hela tiden drack, fick känslomässiga vansinnesutbrott och ofta hotade med att ta livet av sig. Här fanns svaret. Svart på vitt. Det var min livsluft. Så var jag uppvuxen. Det var normalt. Det var min mammas beteende och mitt arv.

17.

Familjeveckan på Provita inkluderade ett års efterbehandling. Ett kvällsmöte en gång i veckan. De kvällarna blev lika betydelsefulla för mitt fortsatta liv som själva internatveckan hade varit. Jag hade börjat i min terapi och jag hade börjat gå på möte i tolvstegsprogrammet för vuxna barn. Problemet var hela tiden att få barnvakt på kvällarna. Barnens far var ett osäkert kort. Jag var aldrig riktigt säker på om han skulle komma. Den andra möjliga barnvakten var min mamma. Henne ville jag absolut inte ha i mitt liv. Men hur skulle jag komma iväg på möten? Jag fick acceptera att hon kom ibland. Jag till och med krävde det av henne. Hade hon inte gjort något annat för mig kunde hon i alla fall passa mina barn när jag absolut behövde. Så lät min omvända logik.

»Har barnen någon kontakt med sin pappa?« Familjeterapeuten på Provita hade adresserat frågan till mig. »Absolut«, svarade jag lydigt. »Han hämtar dem en gång i veckan.« »Är han nykter då?« Frågan syntes mig konstig. Nykter, nej det var han väl aldrig riktigt. »Nej«, svarade jag sanningsenligt. »Det tror jag inte. I varje fall inte alltid.« »Då kan du inte lämna ut barnen till honom.« Terapeutens röst var lugn och bestämd. Jag skrattade undvikande. »Du förstår inte«, försökte jag förklara. »Det är ingen fara. De är vana vid att se honom onykter. De blir inte rädda. Det är inget konstigt.« Terapeuten såg länge på mig. »Du hör vad jag säger.« Och det hade jag på något sätt gjort.

Martha

Ingegärd

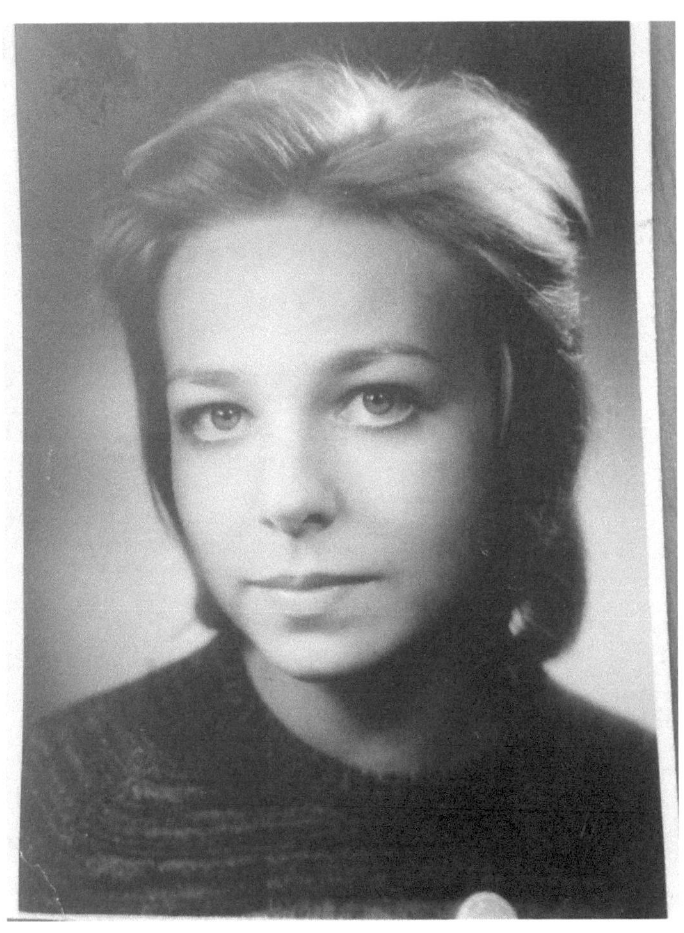

Viveka

Hannah

18.

Jag var på kurs med mitt arbete. Lyxigt fint internat. Men inom mig gnagde oron. Barnen var hos sin pappa. »Jobba med din tillit«, tänkte jag förvirrat. »Släpp kontrollen.« Jag hade ju gått på ett antal möten nu och började lära mig nya sätt att tänka. Ändå fortsatte oron gnaga i mig. Till slut ringde jag. Rösten i andra änden av tråden var sluddrig. Omöjlig att förstå. Han var kanonfull. »Får jag prata med barnen«, lyckade jag pressa fram. »Hur har ni det?« Jag måste ha skrikit mer än pratat. »Pappa är ju skitfull.« »Pappa är inte full. Han har bara cyklat omkull.« Svaret kom självklart och redigt från sjuåringen.

Det var sista gången jag lämnade ut barnen till honom. Vårdnadsprocessen skulle ta tre år. Sedan fick jag egen vårdnad och deras pappa förlorade sin umgängesrätt.

Detta är fortfarande ett av de mest smärtsamma minnena i mitt liv. Ett av de riktiga lågvattenmärkena. Samtidigt en av de mest välsignade ögonöppnarna. Jag förstod hur mina barns världsbild hade byggts upp och hur jag hade varit delaktig. Att tillbringa helgen hemma hos en dyngrak pappa var inget konstigt för dem. Att han cyklat omkull och slagit sig halvt fördärvad i berusat tillstånd och nu inte kunde gå handlade inte om att han var full. Jag kände med varje cell i min kropp att här hade jag släppt kontrollen på ett sätt som var livsavgörande för mina barn. Jag kunde inte tillåta det. Kraften som jag fick var en lejoninnas. Kampen, som det blev, mot en omvärld som ville lindra och släta över, var på liv och död för mig.

Idag är det en självklarhet att det var det enda rätta.

19.

Åren i slutet på 90-talet blev omvälvande. Terapin, tolvstegs-
mötena, vårdnadstvisten, barnens saknad efter sin pappa,
mina skuldkänslor. Mina försök att ömsom börja släppa in
min mamma i livet, ömsom hålla henne utanför. Allt rev
upp sår i mig.

Jag hade periodvis kraftiga katastrofkänslor. I terapin och
på mina möten hade jag kunnat sätta ord på skräcken som
ibland vällde upp i mig. Okontrollerbar, kvävande. Till en
början var det en stor lättnad att veta att barnen inte var
ensamma med sin pappa när jag var borta på möten på
kvällarna. Jag märkte hur rädslan hade byggt bo i mig och
hur otrygg jag känt mig. Istället hade jag börjat använda
min mamma som barnvakt ibland. Jag hade ingen annan
att vända mig till. Hon kom när jag bad henne. Passade
barnen. Jag vet inte riktigt hur. Ställde upp stolar på olika
ställen så att de inte skulle kunna trilla eller röra sig för
långt bort från henne. Men hennes katastrofkänslor och
rädsla mångdubblade min egen och till slut fungerade inte
heller det för mig.

Jag kan inte försköna min egen del i relationen till min
mamma. Jag var aldrig någon »god« dotter. Jag tog kontakt
med henne endast när jag behövde utnyttja henne.

En gång under denna period försökte jag normalisera vårt
förhållande. Det var när hon fyllde sextio år. Då bjöd jag
hem henne till oss och barnen och jag blåste upp ballonger
och bjöd henne på tårta. Efter det var jag tvungen att klippa
kontakten igen. Hon kunde inte förstå. Jagade mig. Ringde
mig. Stod i porten och ringde på porttelefonen en hel kväll.

Jag mådde mycket dåligt, men fungerade hjälpligt i vardagen ändå. En dag i taget.

Jag minns att jag vid något tillfälle strax efter att barnens far hade flyttat samlade ihop alla fotografier av mig själv som jag tyckte var fina. Vi hade en öppen spis i ena rummet. Där ställde jag alla bilderna tillsammans med de få saker som betydde något extra för mig. Några stenar. Ljus. Minnen från olika resor. Sedan försökte jag känna att jag var jag. Att jag var värdefull.

Idag vet jag att barn som växer upp med en narcissistisk förälder har svårt att utveckla sin jagkänsla och jag känner mig tacksam över att jag intuitivt förstod att det var nödvändigt för mig att samla ihop mig och stärka mitt jag. Symbolhandlingar blev viktiga emotionella byggstenar i min läkningsprocess. I det arbetet förvandlades jag till min egen älskande förälder och kunde ge till mig själv den energi och uppmärksamhet jag saknat från min mor.

Som tur var hade jag ett arbete som fungerade som min fasta punkt. En statlig tjänst som fortfarande innebar en livslång trygghet om man valde den vägen. Saken var bara den att min anställning var på arbetsförmedlingen och jag var arbetsvägledare. Min uppgift var egentligen att sortera arbetskraften och fördela den till områden som hade behov. Oavsett arbetskraftens önskemål så att säga. Men det fanns fortfarande utrymme för det man kallade »vägledning« på den tiden och jag var alltid beredd att lyssna på mina kunders tankar och funderingar.

Socialsekreterarrollen hade jag lämnat. Den var inte längre förenlig med min egen livssituation. Vägledartjänsten fungerade bättre. Hade jag inte själv haft en spikrak väg till arbete? Här kunde jag göra en insats.

Mitt uppdrag som statstjänsteman gav mig också den legitimitet jag behövde under dessa år av uppbrott och kaos. Jag hade inte kunnat genomföra förändringarna och vårdnadsprocessen utan barnomsorg, arbetskamrater och en etablerad position i samhället. När jag ser tillbaka idag känner jag mig mycket tacksam.

Men åren på arbetsförmedlingen gav mig också något annat. Jag började reflektera över mina egna ord till mina arbetssökanden. »Lägg handen på magen och känn efter vad du vill.« Okonventionella ord på en myndighet som redan vid den tidpunkten använde digitaliserade intresseguider. Snart började jag längta ut från mitt trånga tjänsterum. Så snart vårdnadstvisten var avslutad började jag aktivt titta mig omkring efter ett nytt jobb, men inget fångade mitt intresse.

Med mina nyfunna andliga insikter beslöt jag mig för att pröva en ny metod. Jag hade förstått att jag skapade mitt eget liv och att jag hade större påverkansmöjligheter än jag tidigare anat. Jag hade också fått en hint om att om jag agerade som om något redan hade hänt så skulle det underlätta. Sagt och gjort. En dag packade jag ihop alla mina personliga tillhörigheter i det lilla tjänsterummet och tog hem dem. Fotografier av barnen, små presenter från mina arbetssökande, innetofflor och blomkrukor. Sedan sorterade jag mina pärmar och skåp och kastade allt som inte var ytterst nödvändigt för det dagliga arbetet. Därefter glömde jag bort alltihopa. Tills en dag det kom ett meddelande på myndigheten att Malmöhus län och Kristianstads län skulle slås ihop.

Bildandet av ett gemensamt län, Skåne län, innebar övertalighet.

Plötsligt behövdes bara en länsarbetsnämnd och man skulle bli tvungna att göra förändringar. Men inte uppsägningar. Istället erbjöds intresserade anställda att via Trygghetsstiftelsen själva säga upp sig och få hjälp att komma vidare. Jag såg erbjudandet som en skänk från ovan och som direkt adresserat till mig. När datumet för anmälan kom var jag den första att knacka på dörren.

På så sätt kom det sig att jag blev psykosyntesterapeut.

20.

Jag tvekade aldrig. Trots att jag var livrädd. Det hade gått några år efter separationen. Jag hade tagit kontroll över vårdnad, umgänge och ekonomi. Jag hade bestämt mig. Jag skulle ut från arbetsförmedlingen. Jag hade vuxit och behövde inte längre vara omgärdad av restriktioner under mina arbetsdagar. Eller göra och säga en massa saker som jag inte kunde stå för. Jag behövde göra något meningsfullt. Jag ville ge tillbaka som tack för all hjälp jag själv hade fått.

På familjebehandlingen hade jag lärt mig om sjukdomsbegreppet. Att alkoholism är en sjukdom. Det gjorde att jag kunde för mina barn förklara att pappa inte slutat älska dem, utan att han hade en beroendesjukdom. Jag läste vårdnadsutredningar och skilsmässoförhandlingar högt för dem. Allt för att de skulle veta och inte behöva leva med hemligheter och fantasier som jag själv hade gjort. Jag grät mig till Maskrosgrupper och förståelse hos forna socialsekreterarkollegor och skolpersonal. Jag släppte all fasad som tidigare hade varit så viktig för mig. Barnen träffade sin pappa sporadiskt. Alltid hemma hos oss eller ute efter att han först hämtat dem hos mig och jag kontrollerat att han var nykter.

Jag hade också upptäckt att jag aldrig skulle kunna få ihop min ekonomi. Jag blev lämnad ensam med alla våra gemensamma skulder. Min lön räckte bara till räkningar och mat. Höjdes lönen med trehundra kronor i månaden, höjdes också barnomsorgsavgiften motsvarande och bostadsbidraget sjönk. Jag satt fast i en evig skuldfälla där mina inkomster bara räckte till att överleva trots att jag arbetade heltid och hade en akademisk examen. Med en egen firma skulle det bli annorlunda hade jag räknat ut. Jag skulle kunna jobba mindre, ha kontor hemma och tjäna mer. Alltså behövde jag en ny utbildning och hjälp att starta en egen verksamhet.
Utbildningen jag hade valt var en tvåårig yrkesutbildning till psykosyntesterapeut. Den skilde sig från andra terapeututbildningar genom att den inkluderade själen och hade en uttalad andlig aspekt. Den hade allt jag kunde önska utom möjligtvis att den inte var legitimationsgrundande. Jag behövde själv ge den legitimitet.
Men den skulle ge mig möjlighet att hjälpa andra på samma sätt som jag själv hade blivit hjälpt och jag skulle kunna föra budskapet vidare om tolvstegsprogram och medberoende.

21.

Jag satt på en bänk i parken framför Intima teatern i Malmö och hade precis hämtat ut mina första visitkort från tryckeriet på Kronborgsvägen. Jag var färdig med utbildningen, hade startat min firma och nu låg askarna med hundratals små kort som bevismaterial i mitt knä. Jag var full av motstridiga känslor. Stolt och spänd på att se hur loggan jag gjort och pappret jag valt skulle se ut bredvid mitt namn och min nya yrkestitel. Samtidigt stel av obehagskänslor och motstånd.

Jag kände mig som en bluff. Vem var jag att själv bestämma vem jag var och hur jag ville framstå?

Loggan hade jag gjort efter en meditation. Den föreställde en jordglob. Uppe på toppen gick en vandrare med packningen slängd över axeln. Min firma kallade jag därför Wanderer. Vandraren hade starka drag av Narren, det första kortet i Stora Arkanan i Tarotkortleken. Narren kallades också »den som vandrade utan rädsla« fick jag senare veta. Han gick vart han ville, tillhörde ingen och var den ende som vågade säga sanningen till kungen. Det var det jag tyckte att jag hade gjort. Revolt. Sagt sanningen. Hävdat min rätt som fri människa. Skyddat mina barn som en varginna och vandrat ut från äktenskap och anställningstrygghet med bara en kappsäck på ryggen. Bilden av vandraren var en bild av mitt liv som jag var stolt över och hade kämpat för.

Ändå satt jag där på bänken och tvekade att öppna en ask visitkort och titta. Jag var rädd. Det kändes som om jag hade gjort något förbjudet. Gjort mig tydlig. Jag som alltid balanserat på en skör egg mellan att kräva livet och samtidigt inte göra mig själv så synlig att någon annan kunde ta illa upp. Jag var också rädd för att misslyckas. Vad skulle hända om jag inte klarade av att försörja mig och barnen? Vad skulle hända om omvärlden inte tyckte min affärsidé var lika bra som jag själv tyckte?

22.

Alla goda ting är tre. Tro, Hopp och Kärlek. Den Heliga Treenigheten. Tes. Antites. Syntes. Ta den ena, lägg till den andra och efter ett tag kommer ofelbart den tredje; syntesen. Man,

Kvinna. Barn. Helheten, den del som är större än summan av de bägge tidigare delarna tillsammans.

Skapelseprocessen. Tanke, känsla, manifestation. Psykosyntesens strävan att omsätta människans möjligheter i handling och förverkliga självet gav mig hopp. Jag kände mig genast hemma. Jag förstod att syntesen som process kunde iakttas både överallt i naturen och i människans värld. Celler går samman och bildar en organism. Bokstäver fogas till ord, toner kombineras till en melodi. På samma sätt tenderade denna process uppträda av sig själv hos människor, lärde jag mig. Men stötte den på hinder blev det problem. Psykisk smärta, obalans och känslor av meningslöshet uppstod som följd av att inre element existerade sida vid sida utan samband eller i konflikt med varandra.

I mitt nya arbete fick jag förklaringar på mycket som jag tidigare förstått delar av och jag kunde sätta kunskaperna i ett nytt sammanhang.

Redan i tonåren hade jag fått en viss marxistisk skolning i vänsterrörelsen och var därför bekant med den dialektiska materialismen, som indelade världen i motsättningar. Här befann jag mig i antitesen till materialismen; den andliga världen. Men principen var densamma. När verklighetens fyra hörn möter evighetens cirkel uppstår mandalan, symbolen för helhet.

Med ena foten i det eviga nuet och den andra i min fantasi lärde jag mig skapa min framtid. En inandning. Utandning. Livet.

23.

Den började som en liten öm finne på högra ögonlocket. Snart växte den sig större och jag insåg att den var en vagel. Ögonlocket blev tjockt och svårt att stänga. Irriterande först. Sedan allt mer problematiskt. Jag fick svårt att stoppa in min kontaktlins i ögat. Dessutom började jag se grotesk ut med ett piggt öga och det andra hängandes som en fläskläpp ner på kinden.

Livet hade börjat fungera igen efter skilsmässa, vårdnadsutredning, ny yrkesinriktning och allt vad dessa nya delar av mitt liv fört med sig. Min firma var igång och jag hade ett fint mottagnings- och arbetsrum i pigkammaren i patricierlägenheten vi bodde i. Det var inte svårt att få klienter och jag älskade mitt arbete. Jag gick fortfarande i terapi, men kände mig stolt över de förändringar i livet jag hunnit göra på bara fyra, fem år.

Nio månader in på det nya milleniet dog barnens pappa. Han dog av en inre blödning i sviterna av sitt alkohol- och narkotikamissbruk. Hans död kom inte oväntat. Sista gången jag och barnen träffade honom hade livet redan runnit ur hans ögon och jag kände inte igen honom. Mest minns jag händerna. Hans händer som varit så varma och kärleksfulla hade förvandlats till beniga klor täckta med tunt skinn. »Detta är sista gången vi ses«, tänkte jag när vi skildes i trapphuset.

Det fanns inte längre något agg mellan oss den dagen. Bara kärlek och en stor sorg. Döden kan ha den inverkan. Den ger en perspektivförskjutning. Den kan öppna för kärlek och förlåtelse när inget drama längre finns att spela ut. Jag är tacksam för det. Vårt avsked var gott.

På kvällen efter att vi fått hans dödsbesked satt jag på ett möte i mitt tolvstegsprogram. Jag minns att jag förundrad tänkte att jag ändå haft rätt. Hela tiden sedan familjeveckan på Provita, genom alla terapitimmar, vårdnadsutredning och tolvstegsmöten hade en gnagande röst inom mig med jämna mellanrum gjort sig hörd och översköljt mig med skuld. »Viveka, du överdriver. Han är inte alkoholist. Viveka, du tar livet av honom. Viveka, hur vet du att du har rätt?« Och nu satt jag alltså här. På väg i mitt eget tillfrisknande. Åskådare till hans död. Det var tungt.
Men mest tungt var det för barnen.

Vår dotter, som hela tiden hållit koll på sin pappa i hans missbruk, ringt, sökt honom överallt, älskat honom, var förkrossad. Tretton år. På sitt fjortonde. Hennes vuxenliv skulle precis börja. Vår son. Fjorton månader yngre. Med alla känslor inom sig. Oförmögen att visa sin sorg.

Och nu denna vagel som inte ville försvinna. Penicillinkur efter penicillinkur. Ingen bättring.

24.

I den stora svarta skinnfåtöljen hos terapeuten fick jag en del av svaret. Det var något jag inte sett. Jag visste det. Jag visste det hela tiden. Men man kan inte se det man inte kan se. Min dotters sorg gick inte över. Sakta men säkert övergick den till ett trotsigt utagerande. En depression kallade terapeuten det. Hon kom inte hem på kvällarna. Jag visste inte var hon fanns. Hon skolkade i skolan. Jag kände mig hjälplös. Jagade lärare och skolkuratorer. Bokade ungdomsveckor på Nämndemansgården. Förstod någonstans att depressionen hade med ett begynnande missbruk att göra. Hisnade när jag insåg vidden. Fjärde generationen. En sjukdom som hade börjat med min mormors medberoende. Hon var fjärde generationen kvinnor med beroendesjukdom i min familj.

Min vagel satt kvar. När inte penicillinet hjälpte fanns ingen hjälp att få. Nu hade jag också en inflammation i munnen som inte gick över. På sjukhuset fick jag veta att det inte fanns något samband mellan öga och mun. Ögonen botades på ögonkliniken på sjukhuset och munnen skötte tandläkaren om.

Tio cm skillnad mellan sjukförsäkring och tandvårdsförsäkring

Tio mils avstånd mellan vad jag såg och det jag kunde uttrycka.

Jag hade inte själv blivit sedd när jag behövde det. Hur kunde jag då se min dotter i hennes nöd. Konsekvenserna var inte över. De hade egentligen bara börjat.

Ögat läkte så småningom med tea-tree olja. Det var min son med ett barns självklara röst frågade varför jag inte använde samma olja på ögat som jag använde till allt annat. Det var naturligtvis logiskt. Och så började insikterna långsamt sjunka ner i kroppen.

25.

Jag trodde att jag brutit mönstret. Jag trodde att kedjan av underdåniga, förtryckta, marginaliserade kvinnor som gått före mig i min släkt äntligen var bruten. Jag hade lärt mig att röka och dricka alkohol som en man. Ha fria sexuella förbindelser. Försörja mig själv. Vara politiskt aktiv. Allt som för mig var förknippat med frihet och jämlikhet. Ändå skulle jag tvingas att inse att jag inte alls hade varit fri. Att något väsentligt hade fattats.

Jag var en tudelad varelse. Att jag erövrat ilskan, ambitionerna och kraften innebar inte per automatik att jag uppnått kärlek och balans. Återigen förstod jag att den yttre verkligheten inte var tillräcklig. Kanske hade mina förmödrar något att lära mig om tålamod, medkänsla och förmåga till urskiljning av vad som hade varit nödvändigt för att överleva. Men jag kände att jag ville vara mer än så. Att mitt liv skulle handla om mer än överlevnad.

Att se min dotter fara illa nästan krossade mig. Än en gång befann jag mig på botten. Jag hatade och förbannade min mamma och min mormor. Jag hatade och förbannade mig själv. Jag tog bussen till minneslunden där min mormor och morfars aska hade strötts och la tunga stenar längs kanten på planteringen. Jag tittade på alla unga flickor i vårsolen som såg glada och friska ut och frågade mig varför just min dotter var dömd till förtvivlan. Maktlös. I min vanmakt vände jag mig återigen till en kraft större än min egen och lämnade över.

Löftet till mig själv att jag skulle ta hand om mina egna behov först kändes obegripligt. Visserligen hade jag hållit mitt ord i förhållande till min mamma. Sedan hade jag följt min sanning och valt mig själv framför mitt äktenskap. Men nu. Min dotter? Inte kunde jag släppa henne. Hon var bara 15 år.

Terapeuten blev min räddning. Hennes praktiska handfasta råd vägledde mig där jag inte själv hade ögon att se. Varma, mänskliga vuxna i gestaltterapi och musikprojekt som trädde in som ställföreträdare under en period av mitt liv jag knappt kunde ta hand om mig själv hjälpte min dotter ur depression och missbruk.
Tolvstegsprogrammet, som låg som ett fundament vi kunde bygga våra nya liv på, skulle snart komma att spela en än mer betydelsefull roll.

26.

Jag minns inte så mycket från de åren. De var plågsamma. Sakta men säkert återgick ändå livet till någon sorts normalitet. Jag lärde mig fokusera på de små tingen. Några tallrikar på halvareapriset på Åhléns gjorde mig glad. Känslan var ovan. Men den fanns där. Ekonomin var i botten. Uppdragen få. Jag började inse att jag skulle få ta en anställning igen. Tanken var inte helt oangenäm. Jag behövde trygghet. Jag behövde läka. Min dotter var på bättringsvägen. Jag hade fått energi att se min son, som fått ta ett steg tillbaka och varit snudd på osynlig för mig under hans systers sjukdom.

Nya vänner förde mig ut på resor. Jag hade ändå lyckats hålla liv i mina nätverk av yrkeskvinnor och entreprenörer. Vi började samarbeta med ett nätverk av entreprenörskvinnor i Sydafrika. Nya horisonter reste sig. Kanske var jag på banan igen. Kanske till och med drömmen om fortsatt arbete i Afrika skulle kunna uppfyllas.

Det var nionde året i min terapi. Jag kände att jag kommit till vägs ände i mina självreflektioner. En cykel var fullbordad. En natt några månader innan jag tog steget att sluta drömde jag att jag var färdig. Det var en mycket tillfredsställande känsla. Jag var klar med terapin. I alla fall för denna gång. I drömmen hörde jag sedan tydligt rösten som sa att jag var klar, men att jag nu måste börja om från början. Göra om allt en gång till.

Jag berättade drömmen för terapeuten. Hon förstod inte. Eller var det jag som inte förstod? Men det fanns inget utrymme för tolkningar. Jag skulle göra om allt en gång till. Rösten hade inte gått att missförstå. Vad var det jag skulle göra? Jag släppte det. Förberedde mig på att avsluta. Fick en anställning som socialsekreterare på mitt gamla jobb. Det blev längre och längre mellan tolvstegsmötena.

27.

Tolvtesteget var lika obegripligt för mig som tidigare. »När vi hade haft ett andligt uppvaknande som en följd av dessa steg försökte vi att föra detta budskap vidare till andra som fortfarande lider och att tillämpa dessa principer i alla våra angelägenheter.«

Jag varken ville eller kunde föra något budskap vidare. Jag hade misslyckats. Jag förstod fortfarande inte hur jag skulle kunna hjälpa någon annan, när det var det som var mitt problem. Att jag hjälpte för mycket.

Under alla nio åren i terapi hade jag självmedicinerat med alkohol. Vid den tiden behövde jag inte så mycket. Några flaskor vin i veckan. Någon folköl i sängen när jag kommit hem från ett tolvstegsmöte. Ibland mer när inte barnen var hemma. Eftersom jag inte ville identifiera mig med min mamma hade jag valt bort tabletter. Terapeuten hade föreslagit medicinering när det var som värst och hade hjälpsamt skrivit ut valium. Jag försökte. Men fann ingen lindring. Jag hade också varit rädd att förlora kontrollen. Visste någonstans redan att jag drack för mycket alkohol.

Många har frågat mig hur jag kunde dricka alkohol när jag gick i ett tolvstegsprogram för vuxna barn till alkoholister. Svaret är både enkelt och komplicerat. För mig var alkoholen bara ett av mina dysfunktionella beteenden jag vände mig till när smärtan blev för stor. Jag hade ett ganska stort spektrum av valmöjligheter från början som hela tiden krympte efter hand som insikterna tickade in. Det första jag försökte släppa var mitt beroende av sex- och relationer till män. Sedan mitt medberoende som nästan tagit livet av mig. Mitt beroende av kaos och katastrofer. Mitt överätande när jag slutat röka. Listan kunde göras lång. Att alkoholen stod sist berodde på att den var min bäste vän i viken. Alltid redo när jag behövde smärtlindring. Den lösning jag inte ville förlora för allt i världen. Att jag sett min familj gå under i konsekvenserna av den kunde jag inte relatera till mitt eget drickande. Förnekelse är en kraft som inte ska underskattas.

En natt långt ute på savannen under Sydafrikas klara stjärnhimmel tände jag en cigarett. Minnet av glädjen när jag slutat röka sju år tidigare var som bortblåst. Nu var det business as usual igen.

Jag var tillbaka i min gamla verklighet. Jag hade överlevt äventyret. Mina barn hade överlevt. Jag hade gjort insikter som borde vara ovärderliga, men kände ingen glädje.

Jag fattade ett nytt beslut att helt klippa med min mamma. Inför en långresa till Sydafrika hade jag besökt henne tillsammans med min dotter. Hon hade sjunkit djupare och djupare ner i sin psykiska sjukdom. Jag kände äckel och avsky. Ville aldrig se henne igen.

En första period av introspektion och tillfrisknande var avslutad. I alla fall valde jag att se det så. Ingenting var egentligen löst, men med mig hade jag nya insikter och kunskaper.

28.

Varje morgon kollade jag noga att jag hade rätt biljett kvar när jag skulle kliva av bussen. Den var giltig en timme och det innebar att jag inte behövde lösa en ny om jag fick panik och skulle välja att åka hem igen. Den lilla papperslappen var min returbiljett till friheten. En försäkran om att det fanns ett annat liv. Även om jag hade valt bort det. Jag behövde bara vända på klacken, gå tillbaka till busshållplatsen och aldrig mer återvända. Jag skulle inte ens behöva lösa en ny biljett.

Som jag minns det hängde dimman alltid grå över Kinesiska muren på Rosengård där den del av socialförvaltningen jag arbetade på var placerad. Att jag hade gått tillbaka till mitt socialsekreterarjobb kändes innerst inne som ett monumentalt nederlag. Det fanns ingenting i jobbet som jag egentligen gillade. Men – jag var tillbaka på rätt sida skrivbordet. Uppenbarligen hade det inte varit jag som var galen i alla fall. Jag hade precis kommit hem från den första resan till Sydafrika och mina pengar var fullständigt slut. Eftersom jag började jobba den femtonde i månaden skulle jag få en halv lön som precis räckte till räkningarna. Jag kände tacksamhet för det och intalade mig att anställningen bara var en övergående fas som jag var nödd och tvungen till för att kunna försörja mig och mina barn.

Den välbekanta rollen av onåbar tjänsteman i offentlig förvaltning som i sin stora nåd kunde vara god och förstående utan några som helst förpliktelser kändes trygg och välbekant. Mina försök att dölja sakernas tillstånd inför mig själv ivrigare än någonsin. Att vara populär och förstående bland klienterna var livsviktigt. Jag var ju egentligen ingen socialsekreterare utan en av dem. Den dubbla rollen var plågsam.

Jag räknade noggrant mina minuter av frihet. Visste exakt hur lång tid det tog att ta sig ut från det mardrömslika labyrintartade bostadshuset med lägenheter omgjorda till kontor. Vilket nummer på hissen det skulle stå för att inte hamna i en återvändsgränd och vilken branddörr som skulle forceras för att komma in. Jag hann precis ner till invandrarbutiken på hörnet för att köpa en liten Prince, eller vilka cigaretter som var tillgängliga och sedan upp hela vägen igen innan någon skulle sakna mig. Sedan snabbt ut på balkongen för att ta ett bloss.

Det var fortfarande plågsamt att röka. Jag hade slutat 1995 i ett tillstånd av mild eufori och kärlek till mig själv efter den andliga upplevelsen med mandalan året innan. Jag hade haft en bestämd känsla av att jag långsamt tystade mig själv när jag drog cigarettröken djupt ner i lungorna och jag kunde inte längre tiga. Till det kom barnens klagan över att alltid se sin mamma innesluten och onåbar i ett stort moln. En bild, som när den presenterades för mig av min dotter, gav mig rysningar och kalla kårar av skam och fasa. Rökningen ersatte jag med att äta mer, vilket gav mig ett missklädsamt fettlager runt kroppen som effektivt avhöll mig från kroppslig närhet och sexuella relationer.

Nu hade jag alltså börjat igen. Det var inte lätt. I Sydafrika hade jag rökt ett par tre stycken efter goda middagar med mycket vin. Men här hemma smakade det inte bra. Det var äckligt och jag glömde ofta bort det. Tristessen på arbetsplatsen och mitt självförakt för det jag såg som ett misslyckande gav ny näring och motivation. Sakta men säkert blev jag storrökare igen.

Konsekvenserna av min före detta mans död hängde fortfarande efter mig. Jag hade ansökt hos socialtjänsten om ungdomsveckor på Nämndemansgården och båda barnen hade varit iväg samtidigt. Det hade känts som ytterligare en försäkran om att sjukdomen inte skulle föras vidare till dem. Men jag visste ju inte. Ingen av oss kändes på något sätt stabil. När de hade kommit hem hade jag blivit förtvivlad. Allt hade känts orättvist och hopplöst. Jag tyckte deras pappa hade blivit till en hjälte och att jag plötsligt var skurken i dramat. Jag som hade stannat kvar i livet och nu gjorde allt för att torka upp skiten efter honom, resonerade jag medan min självömkan rasade i kroppen.

Vageln som hade plågat mig så året tidigare gjorde sig fortfarande påmind ibland. Jag såg fortfarande inte bjälken i mitt eget öga.

29.

Under åren jag frilansat som psykosyntesterapeut och föreläsare hade jag kommit med i en rad olika nätverk av egenföretagare. Speciellt nätverk för kvinnor som startat eget var genom diverse politiska satsningar populära på 00-talet. Nätverken var en stor glädje för mig. Jag var med om att starta ett nytt nätverk av kvinnor som hade internationell anknytning; antingen bott och jobbat utomlands eller hade ett ursprung från ett annat land och vi skulle komma att ha mycket kontakt genom åren och göra många resor tillsammans.

Det hade getts möjlighet för olika yrkesgrupper att söka utbyte med Sydafrika. I egenskap av ett nätverk med kvinnliga företagare fick vi kontakt med ett motsvarande nätverk där nere. Jag var exalterad. Äntligen hade möjligheten öppnat sig att återvända till Afrika och jobba. Åren i Guinea-Bissau hade avbrutits av min första graviditet och efter hemkomsten hade det inte blivit aktuellt att återvända.

Ända sedan min första långresa till Afrika 1980 när vi körde buss genom Sahara och liftade runt i Nigeria hade Afrika krupit in under skinnet på mig. »The African bug« hade tagit mig i besittning. Jag kände mig hemma i det som jag uppfattade som ett mer jordnära liv och möttes överallt av en kultur av vänlighet och generositet även om det innebar att man behövde slakta sin sista kyckling för att gäster knackat på dörren. Jag njöt också av min förmåga att ganska obehindrat smälta in i olika sammanhang och göra mig förstådd. Jag tycktes ha en förmåga att känna mig hemmastadd varthelst jag reste och jag kände mig tacksam för det,

I Sydafrika blossade också min identifikation med förtryckta folk och grupper upp. Landet erbjöd alla möjligheter för en »rescueaddict« som jag. Nelson Mandela var den store hjälten och ANC fortfarande befrielserörelsen på allas läppar. Att återigen få sätta tänderna i ett »räddningsprojekt« på en främmande kontinent erbjöd ett välkommet avbrott i mitt monotona påfrestande vardagsräddande hemma.

Jag var sliten och trött. Pank och fången i ett socialsekreterarjobb jag inte ville kännas vid. Min kropp befann sig i någon sorts galen förberedelse för menopausen där jag bokstavligen höll på att förblöda en gång i månaden. Barnen, som var i tonåren, hade jag fått lämna hemma med tillsyn av en granne.

Det blev två resor till Sydafrika. Den första till ett lokalt nätverk i Free State provinsen nära Lesotho och den andra resan blev ett Sida-uppdrag där vi reste runt i fem provinser och höll workshops om nätverkande tillsammans med ett nationellt nätverk av sydafrikanska kvinnliga entreprenörer. Jag älskade uppdraget. Men det innebar också att min förståelse av hur Sverige uppfattades internationellt och min syn på mig själv som välvillig svensk biståndsarbetare uppgraderades radikalt.

Bland de stolta handlingskraftiga kvinnor jag mötte var det jag som blev lärjungen. Det fanns inte mycket för oss att lära ut om nätverksbyggande mer än möjligen lite teoretiska modeller. Vad dessa kvinnor inte visste om entreprenörskap och betydelsen av att hålla samman för att överleva fanns inte på kartan. Oavsett om det var egenhändigt tillverkade pärlhalsband de sålde eller andelar i diamantgruvor. Den vanliga underdånigheten jag var van vid från tidigare resor i Afrika var också som bortblåst.

Det jag inte hade kunnat undgå att förstå första gången jag kom till Afrika var att min hudfärg var vit. I Västafrika på 80-talet innebar fortfarande kolonisatörernas hudfärg privilegier som inte gick att avsäga sig. Samma sak hade gällt i Sydafrika fram tills demokratins införande 1994. Men efter det hade saker börjat förändra sig. Långsamt och ibland våldsamt. Ett av mina starkaste minnen från resorna var kvinnorna i Bloemfontein. Bloemfontein var säte för Sydafrikas Högsta domstol och en stad med en historia av minutiöst utvecklad rassegregation.

På hotellet där vi bodde hette en av salarna The Judge's room. Väggarna var tapetserade med bilder av vita medelålders män i typiska brittiska domar- peruker. Det rummet hade jag svårt att gå in i över huvud taget. Jag tyckte att jag kände de hundratusentals svarta kvinnors smärta, som varit utsatta för dessa mäns lagar och förtryck, i min kropp. När jag frågade några av mina svarta vänner om de inte tyckte det var obehagligt skrattade de bara. »Förr blev vi bara insläppta här när vi skulle städa toaletterna. Titta på oss idag. Nu är vi här som gäster.« Jag spårade ingen bitterhet eller hat i deras röster. Ingen lättnad eller befrielse heller. Bara glädje.

Sista kvällen i Johannesburg berättade en av kvinnorna sin historia om kamp för överlevnad i apartheidens Sydafrika. En historia hon delade med miljontals andra. Förutom att raserna hölls geografiskt segregerade, levde även kvinnor och män ofta åtskilda. Kvinnorna tillsammans med barnen. Männen i gruvor eller på andra arbetsplatser långt borta. Våld och utsatthet i relationerna var vanligt. Hennes berättelse var plågsam och full av smärta. Ändå utan självömkan.

När hon är färdig tittar hon länge på mig sedan säger hon: »Viveka, jag ser dig. Du är vit på utsidan, men svart inuti.«

Jag tror jag vände bort blicken. Kommer aldrig glömma hur träffad jag kände mig.

Resan resulterade i att Sydafrika skrev ett förslag till nationellt samarbete mellan våra två entreprenörsnätverk i Sydafrika och Sverige och skickade till den svenska regeringen. Jag var rusig av lycka och började förbereda mig för ett nytt liv på resande fot.

Projektet blev aldrig verklighet och vi fick aldrig riktigt veta vad som hände. Förmodligen försvann det i någon förhandling om JAS-plan eller liknande.

30.

Under de sista åren på 00-talet gjorde jag mitt bästa för att bygga upp en sorts fungerande fasad igen. Jag lät den yttre verkligheten styra. Min besvikelse över att det inte skulle bli något Sydafrikaprojekt var stor och jag försökte ta in den i små portioner. Drömmen om att få »jobbpendla« till Sydafrika hade hållit mig flytande under ett antal år och effektivt bedövat känslor av meningslöshet på arbetet och insikten om att barnen höll på att bli stora och snart skulle flytta hemifrån. Jag kom in i en period av festande och hängde en hel del på krogen.

2007 blev det dags att flytta. Den stora patricierlägenheten med eget kontor på Triangeln byttes mot en tvåa på Ribersborg och bägge barnen var plötsligt ute.

Det blev lättare att dricka vin. Nu hade jag ingen att förhålla mig till hemma. Krogbesöken kombinerades med ett i mina ögon fortfarande ganska sofistikerat rödvindrickande hemma

och jag började inreda min balkong med mycket blommor
och växter för att skapa en egen liten skyddad plats för kont-
emplation och rus.

Min mamma hade på något sätt lyckats ta reda på att jag
flyttat och ringde en dag på dörren. Jag släppte inte in henne.
Jag var 50 år och hon väckte fortfarande samma känslor av
motvilja och skräck. Jag ville inte ha med henne att göra.
Hur mycket än den vuxna Viveka försökte tysta och klandra
den lilla envisa 5-åringen i magen kunde hon aldrig vinna.

Det kunde inte heller de socialsekreterare och kuratorer som
under de följande åren med jämna mellanrum ringde och
frågade varför jag inte tog hand om min mamma. Min vägran
resulterade i alla fall i att det tillsattes en god man för henne.
Konturerna till det som jag uppfattade som ett gott slut på
livet för min mamma började avteckna sig. Hon fick en enga-
gerad och ansvarstagande kvinna som såg efter hennes behov,
utan några känslomässiga bindningar, till hjälp.

Barnen kom hem och åt middag ibland. Deras väg ut i vux-
enlivet hade precis börjat. Min dotter hade fått hjälp ut ur
det som av min terapeut kallats depression, men som i själva
verkat varit inledningen till ett missbruk av alkohol och dro-
ger. Nu var hon i tjugoårsåldern och vi kunde ta ett glas vin
tillsammans och prata om livet som två vuxna.

Trodde jag.

31.

Den söndagen min dotter ringde på dörren och kom in och satte sig framför mig vid bordet och med allvar i rösten förkunnade: "Mamma, jag är alkoholist« stannade mitt hjärta i bröstet.

Stannade gjorde också min arm med rödvinsglaset på väg till munnen och jag skyndade ut i köket för att hälla ut hela flaskan i vasken.

Min dotter berättade att hon fått ett ultimatum av en mentor i ungdomsprojektet där hon volontärarbetade och på något sätt hade hans ord nått fram till henne.

När min första bestörtning hade lagt sig kände jag en väldig lättnad. Alkoholism. Ja, men det visste jag ju hur man skulle förhålla sig till. Hade jag inte gått i ett tolvstegsprogram för vuxna barn till alkoholister och andra dysfunktionella familjer i många år? Lärt mig allt om beroendesjukdomen tillsammans med nyktra alkoholister och andra tillfrisknande? Och bäst av allt – jag visste att det fanns ett program med en andlig lösning. Hon skulle inte bli utlämnad till psykiatrin eller andra, i mina ögon, suspekta behandlingshem.

Mitt förhållande till min andlighet hade inte utvecklats nämnvärt sedan jag slutade mina nio år av aktiv självintrospektion. Men den förändrade verklighetsuppfattning som getts mig efter min andliga upplevelse 1994 verkade fortfarande i mig trots mina försök att tysta alla inre röster och bilder med vin. Jag hade också sedan min barndom en djupt liggande misstro mot »mediciner«, piller, efter min mammas odysséer genom Malmös läkarmottagningar och ville inte på något vis i världen att min dotter skulle utveckla samma tendenser.

Lyckligtvis var min dotter inte främmande inför ett andligt program. Dessutom var hon uppväxt med Maskrosgrupper, sjukdomsbegreppet och tolvstegsmöten för tonåriga barn till alkoholister. Det fanns en väg ut ur mörkret

Min dotters nyktra liv är idag inne på sitt tolfte år. En dag i taget, sakta men säkert, byggde hon sitt nya liv med hjälp av Minnesotabehandling och gemenskap. Hon är min förebild och hon är ett hopp om en ny tid där alkohol och droger inte kommer ha genomslagskraft.

Hennes tillfrisknande lämnade stor tomhet efter sig. När hon efter några års nykterhet flyttade från Malmö för att gå en utbildning till beroendeterapeut slogs dörren åter igen om mig och jag blev ensam med mina blommor och mitt rödvinsglas. Min son var i full gång med sin egen karriär och höll på att bilda familj. För mig skulle det snart bli dags att ge mig på mitt tredje försök till räddningsinsats för Afrika.

32.

Det tredje arbetet med Afrika i fokus skilde sig från de övriga på så sätt att det utspelades i Sverige i ett projekt där jag arbetade som konsult. Men under några år på 10-talet blev kontinenten och människorna där återigen en del av min vardag och mitt liv.

Jag hade slutat min anställning som socialsekreterare. En dag hade allt bara blivit för mycket för mig och jag gick därifrån.

Förutom att min egen ambivalens inför yrkesrollen blivit djupare och djupare hade också mina åsikter om missförhållandena på min arbetsplats blivit så starka att det omöjliggjorde all vidare anställning. Jag hade blivit fråntagen min roll som samordnare, omplacerad utan förhandlingar och placerad i en källare utan arbetsuppgifter.

I källaren, innan jag fick nog och slutade, växte några av mina mer briljanta idéer fram, om jag får säga det själv. Jag hade förstått hur utsvulten jag var på meningsfulla arbetsuppgifter och ägnade tiden åt att ingående känna in hur jag egentligen ville ha det. Kunskaperna från tiden som vägledare kom till nytta och jag listade omsorgsfullt mina färdigheter och kombinerade dem med känslan av glädje och flow. Vad var det jag var bra på helt enkelt? Och vad var det som gjorde mig lycklig? Fick tiden att upphöra. Resultatet såg ut ungefär så här:

1. Jag var bra på att prata med människor. Kommunicera, förstå andra, uppmuntra, stödja, vägleda enskilt och i grupp. Jag hade ett genuint intresse för andra människors verklighet och en önskan att förstå. Speciellt intresserad var jag av människor som på något sätt hade förändrat sina liv till det bättre. Problem attraherade mig inte lika mycket längre. Men jag visste att jag hade en förmåga att få människor att öppna sig för mig och prata och jag tänkte att den måste jag använda och göra det bästa utav.

2. Jag hade också en förmåga att se det bästa hos människorna jag mötte. Bifokalt seende helt enkelt. Två fokus samtidigt. Jag kunde se människor som de var. Men jag såg samtidigt deras potential och det bästa hos dem. En lurig bedrift eftersom jag tidigare ofta helt hoppat över hur det såg ut för ögonblicket och hamnat i en del besvärliga

situationer. Men helt ovärderlig i andra sammanhang, rätt använd och med hjärtat fullt av kärlek.

3. Jag älskade att föreläsa. Inget gav mig så mycket energi som när jag fick stå framför många människor och föreläsa om något som var viktigt för mig. Jag fylldes av energi och talade synbart utan ansträngningar och manuskript. Färdigheten hade jag övat upp under tiden som psykosyntesterapeut och föreläsare. Föreläsningarna hade jag tränat in hemma med barnen som publik. Förmodligen var de världens mest upplysta barn i tioårsåldern i frågor som känslomässig intelligens, kroppsspråk och synen på talang och andra ämnen jag fördjupade mig i.

4. Jag var duktig på att undervisa och förklara. Jag var tydlig. Människor förstod. Ibland även med väldigt bristande språkkunskaper. Både från min sida och deras.

5. Jag älskade att läsa och skriva. Hela mitt liv hade jag läst och fört sporadiska dagboksanteckningar. Som barn fungerade läsningen som en verklighetsflykt hemma hos mormor och morfar och jag kunde sträckläsa en bok på några timmar. I skolan blev jag sedd och fick höga betyg. Skrivandet hade jag precis börjat ägna mig åt mer systematiskt och det var definitivt en av de aktiviteter som gav mig lycka och flow. Det skulle bli många skrivarkurser under åren som följde.

6. Jag hade bara några år tidigare förstått att jag hade synestesi, flera olika sinnen sammankopplade. Det förklarade förmodligen en del av varför jag hade haft så lätt att lära mig. Jag hade också förstått att det fanns något som hette spegelneuronsynestesi; förmågan att fysiskt känna andra människors sinnesstämningar och smärta i sin egen kropp genom spegelneuronernas »överaktivitet«. Vetskapen att det fanns ord för mina sinnestillstånd stärkte mig. Det förklarade och många saker som tidigare varit helt obe-

gripliga. Till exempel varför det var helt omöjligt för mig att läsa vissa böcker som väckte för mycket smärta och som effektivt utestängde mig från halva världslitteraturen. Samtidigt åkte synestesin upp på min lista som tillgångar eftersom jag plötsligt förstod hur den hade berikat mitt liv.

7. Till synestesin kom min fortfarande outforskade förmåga att se i bilder. Jag tolkade den som högra hjärnhalvans komplement till vänsterhalvans ord, känslans komplement till tanken, och försökte värna om den och ta den på allvar, men jag glömde ofta bort den. Till mina texter ville jag i alla fall alltid ha en bild och att sätta ihop collage roade mig. Jag ville köpa en kamera och fotografera mer.

8. Jag hade mitt internationella engagemang och erfarenheter. Tveksamt satte jag upp punkten på listan. Jag kände mig inte särskilt framgångsrik i detta avseende. Men oavsett det var resorna och biståndsarbetet något som skänkt mig stor glädje. Ända sedan min första Afrikaresa och halvåret på SIDAS biståndsarbetarutbildning på Sandö där jag hade träffat min man 1984, hade doften av främmande land stimulerat mina sinnen.

9. Slutligen hade jag mina nätverk. Genom flitigt samarbete och nätverkande hade jag byggt upp en kontaktlista på människor som betydde något för mig yrkesmässigt och privat. Den var en ovärderlig tillgång om jag ville starta något eget igen.

Jag lutade mig tillbaka och studerade listan när den var klar. Min första tanke var att jag var full av resurser. Kände mig stolt och glad. Sedan kom den välbekanta rösten full av klander och hånfullhet. »Du misslyckades Viveka. Du tog inte tillvara dina möjligheter. Nu kan du sitta här. I källaren.« Och jag mobiliserade all min kraft och tystade den och fortsatte mitt botaniserande bland möjligheterna: människor, kommunicera, nå ut, skriva, potential, bilder, nätverk och efter ett antal plågsamma månader var planen född; Jag skulle göra en blogg av mitt nätverk och skriva om kvinnor som förverkligat sig själva. Detta var i sociala mediers barndom och planen var vågad och nytänkande som jag uppfattade det. Hur jag skulle kunna försörja mig på det hade jag ingen aning om, men att den skulle kunna innefatta allt jag tyckte var roligt stod klart för mig. Min blogg Damjournalen var född.

33.

Bloggen levde några roliga och lärorika år på 10-talet och nätverkandet gav ringar på vattnet. Jag kom att få uppdrag i olika projekt som handlade om kvinnors företagande och jag fick vänner för livet. Att lyfta fram andra kvinnors bedrifter och berätta om deras transformerande resor var meningsfullt och jag lärde mig många nyttiga saker. Jag utvecklade min intervjuteknik och jag lärde mig lyssna samtidigt som jag skrev ner deras svar. På så sätt kopplades mycket av mitt logiska tänkande bort och gav plats för intuitiva frågor och vinklingar. Intervjutimmen var jag i 100 % flow och jag njöt oerhört. Till varje intervju tog jag ett porträtt och satte en rubrik som jag tyckte sammanfattade texten. Jag försöker komma ihåg ur många intervjuer det blev. Minns inte exakt, men säkert ett 50-tal. Jag minns faktiskt inte heller varför jag slutade, men antar att det var en kombination av andra uppdrag och att jag tröttnade. Bloggen hade börjat få för stort fokus på marknadsföring i mitt tycke och min nyfikenhet började gå på autopilot.

Istället flyttade jag fokus till arbetet med högutbildade afrikanska kvinnor. Det var en marginaliserad grupp utan mycket inflytande i det svenska samhället. Det räckte med att jag nämnde att jag jobbade med afrikanske kvinnor för att omgivningen skulle börja smacka medlidande med tungan och himla med ögonen. För sin inre syn visualiserande svältande barn eller dansande svarta människor i färggranna kläder. Att kvinnorna ofta hade universitetsexamen och att en helt ny medelklass av unga välutbildade afrikaner höll på att växa fram i stora delar av kontinenten var inget som framkom när bilden av Afrika tecknades i media. Återigen hade min låga tänts och jag kände jag hade en uppgift att fylla.

34.

Men hur mådde Viveka? Inte speciellt bra. Under tiden jag jobbade i projektet hade jag samtidigt skrivit en bok om mina äventyr som socialsekreterare i de arbetsmarknadspolitiska åtgärdernas förlovade land. En plan jag hade haft länge, men som jag aldrig kommit till skott med. Jag skrev den som en spänningsroman med fiktiva händelser och namn. Boken blev färdig och jag blev mycket nöjd. Samtidigt var jag full av skuldkänslor. Tänk om jag varit orättvis mot någon i boken. Tänk om någon skulle känna igen sig och bli sårad. Jag ville verkligen visa vilken absurd värld jag hade arbetat i. Men jag ville inte driva gäck med mina före detta arbetskamrater.

Jag skickade manuskriptet till ett tiotal stora förlag. Det kändes mycket högtidligt. Sedan förberedde jag mig på väntan. Och månaderna gick.

När den första refuseringen damp ner i brevlådan kändes det som ett slag i ansiktet. Den hade inga personliga kommentarer utan bestod helt uppenbart av en standardformulering.

Men än var slaget inte förlorat resonerade jag. Jag hade minst nio lotter kvar att skrapa. Typ. Jag försökte beväpna mig med tålamod.

För varje refusering jag fick sjönk mitt värde som människa. För varje dag ökade min konsumtion av vin. Till slut bestod mina dagar i stort sett bara av några timmars arbete på förmiddagen och sedan snabbt hem för att öppna min tetrapack med rödvin i sängen.

Jag hade slutat röka igen fem år tidigare eftersom jag gärna avslutade min dag i sängen med tillsammans rödvin och kedjerökande. Risken med sängrökningen kunde till slut inte undgå mig, så jag valde att sluta med det lättaste; cigaretterna. Rödvinet kunde jag inte vara utan.

Nu började läget bli akut. Allt som ofta förlorade jag kontrollen över drickandet. Jag hade länge försökt ransonera rödvinet. Köpte inte längre någon bag in box till exempel utan jobbade enbart med en liters tetra för att jag lättare skulle kunna hålla räkning på glasen. En liter rödvin hade jag gett mig själv tillåtelse till att dricka utan förhandlingar. Det hade blivit för uppenbart att jag varje dag bröt löftet om att inte dricka något den dagen, så istället var nu löftet att stoppa vid en liter. Om jag bara drack en liter fungerade jag hjälpligt dagen efter. Första glaset tog jag aldrig förrän efter jag jobbat klart.
Det gick så där kan jag säga.

Mitt liv bestod nu nästan enbart av lite jobbkontakter och vin. Jag hade slutat öppna dörren när någon ringde på och jag svarade inte i telefon efter fyra. Min dotter bodde 100 mil bort. Jag hade precis blivit farmor till en liten gosse och jag försökte träffa min son och hans familj så ofta jag kunde. Men när klockan började närma sig min vindrickningstid var jag alltid tvungen att åka hem. Min ekonomi var i botten igen och jag visste sällan hur jag skulle kunna betala nästa månads hyra.

På något sätt hade jag kommit till vägs ände. Det kändes som resan började närma sig sitt slut.

35.

Den kvällen min dotter ringde och ringde på min mobil hade jag druckit mer än min avtalade enliterstetra. Första samtalet lät jag bara rutinmässigt passera. Andra och tredje likaså. Vid fjärde uppringningen började en viss oro tränga igenom mitt rus och vid femte konstaterade jag förvirrat att någon förmodligen hade dött och att jag var tvungen att svara. Så jag svarade.
Hon hade fått jobb i Malmö och skulle flytta ner om ett par veckor.

På morgonen drog jag mig till minnes samtalet direkt jag vaknade. Jag övervägde läget. Hade hon hört att jag var full? Förmodligen. Hade hon kommenterat det? Inte vad jag kunde minnas. Nu var goda råd dyra. Inom några veckor skulle jag alltså ha en färdigutbildad beroendeterapeut, som dessutom var min dotter, i min omedelbara närhet. Läget kändes hopplöst.

Jag hade försökt sluta med vinet många gånger och jag var fortfarande ganska bra på det. En nykter vecka här, två nyktra veckor där. Men jag började alltid igen och det obehagliga var att det sällan föregicks av något aktivt beslut. Ett tu tre bara satt jag där med ett glas vin i handen igen. Nöjd och belåten. I alla fall de första två-tre glasen.

Nu kändes det annorlunda. Jag tittade mig omkring. Var det så här jag ville ha mitt liv? Var det så här jag ville mitt lilla barnbarn skulle se mig? Hur länge skulle jag orka innan ensamheten och alkoholen slutligen skulle ta ut sitt pris? Då hände det ofattbara.

Jag gav upp.

36.

Det var som om min kropp mindes känslan av befrielse och en röst inom mig kom igenom med ett tydligt budskap. »Det är dags nu«, sa den. »Det är dags nu, Viveka. Du har inte tid att skjuta upp det mer.« Och jag visste det var sant. Innehållet i budskapet stod utom allt tvivel och jag visste från denna stund att jag druckit färdigt.

Jag hade 800 meter till närmsta självhjälpsgrupp för alkoholister. Gruppen hade 11 möten i veckan. Snabbt försökte jag räkna ut hur många möten jag skulle hinna innan min dotter kom tillbaka. Jag visste med säkerhet att jag inte kunde blanda in henne i beslutet. Det här var min nykterhet. Mitt beslut. Det sista jag ville var att hon på något sätt skulle känna hon behövde ta ansvar. Jag behövde vara kristallklar med det. Så jag la mig platt. Sköt allting annat åt sidan och började gå på möten.

Under årens lopp hade jag lärt känna många nyktra alkoholister. Jag hade också hört många berättelser om tillfrisknande.

En sak jag hade tagit till mig från flera personer var den att hade man väl varit på sitt första AA-möte och sedan fortsatte dricka, vilket var fallet för de flesta alkoholister, kom det aldrig att smaka lika bra igen. Tanken hade skrämt halvt ihjäl mig och jag hade gjort en anteckning till mig själv att aldrig, aldrig förledas tro att jag kunde gå på ett möte ostraffat. Så skrämmande var tanken på att jag skulle kunna förlora min bäste vän rödvinet.

Nu var stunden kommen att ta det där steget och gå på första mötet. Min tacksamhet över möjligheten var plötsligt överväldigande.

På mitt första AA-möte fick jag likväl en kontrollfråga av min Högre Kraft. Jag hade valt ett öppet kvinnomöte och blev genast identifierad som anhörig och vuxet barn av en dam vid bordet. Hon gratulerade mig till att som anhörig välja att gå på ett öppet AA-möte för att lära mig mer om sjukdomen och en möjlig reträttväg uppenbarade sig plötsligt.

»Jag är här för min egen skull«, fick jag fram ur en hopsnörd strupe.

Och så var det över.

37.

Efter mitt artonde AA-möte kunde jag inte hålla mig längre utan berättade för min dotter att jag blivit nykter. Hon blev mycket förvånad. Hon hade dessutom inte hört att jag var full den där kvällen hon ringde så många gånger. Jag tänker att många pusselbitar måste ha fallit på plats för mina barn.

De visste att jag drack. Men på något sätt hade det varit accepterat. Jag var en storkonsument av vin som drack i olika sammanhang. Deras pappa hade varit alkoholisten som slutade sina dagar på parkbänken. Jag förstod att plötsligt var det inte bara jag som såg min historia i ett nytt ljus utan även mina barn. De hade nu två föräldrar som var alkoholister mot att tidigare bara haft en. En ny historia att förhålla sig till.

De första månaderna gick jag de 800 meterna fram och tillbaka till möteslokalen flera gånger om dagen. Efter en månad ungefär började jobba i de tolv stegen tillsammans med en annan AA-medlem, som gått före mig.

Jag var bekant med de tolv stegen efter mina år i gemenskapen för vuxna barn. Tillvägagångssättet och stegen till tillfrisknande var de samma. Vad jag inte var lika bekant med var AA:s historia och det som på svenska kallades Stora Boken, men som på engelska helt enkelt hette Alcoholics Anonymous och så att säga innehöll receptet till tillfrisknande. Den var skriven i slutet på 30-talet av de herrar som grundade AA och influerad av den tidens auktoriteter på området.

Vad jag aldrig hade förstått var att en av dessa källor till inspiration var C G Jung, den person som hjälpt mig sätta ord på händelserna i mitt liv på 90-talet.

Jung hade i början på 30-talet blivit kontaktad av Bill Wilson, en av grundarna till AA, för att få hjälp med en s.k. obotlig alkoholist han kommit i kontakt med. Jung konstaterar i ett brev till Bill Wilson många år senare att inte heller han förmått hjälpa den olycklige alkoholisten och att Jung nu var benägen att tro att endast ett andligt uppvaknande och en genomgripande personlighetsförändring kunde ge en varaktig nykterhet. Han uttrycker sig ungefär så här (min översättning):

»Hans (alkoholistens) begär efter alkohol var på en lägre nivå jämförbar med vårt väsens andliga längtan efter helhet. Uttryckt på ett medeltida språk: föreningen med Gud... Du förstår, alkohol på latin heter spiritus och du använder samma ord för det högsta andliga tillståndet som för det mest depraverande giftet. Receptet borde alltså lyda; *Spiritus contra Spiritum.*«

Självfallet behövde jag ingen alkohol när jag överlämnade mig till en Högre Kraft. Inte heller behövde jag döva min harm och mina skuldkänslor med alkohol när jag förstod att upplevelsen av att jag och min nästa var separerade från varandra endast var en villfarelse. Vi var alla sprungna ur samma källa. Vägen till separation var vår själs eviga längtan att få uttrycka sig på ett nytt sätt. Vägen tillbaka var resan hem. Jag var både offret och förövaren. Alkoholisten och den medberoende. Den vuxna och barnet. Romulus och Remus. Helaren och den sårade.

Bara det faktum att jag nu hörde rösten, som jag lärt känna som »bäraren av de viktiga budskapen«, mycket tydligare och klarare räckte för att släcka min törst. Jag hade inte längre någon som helst längtan efter att befinna mig i ett sinnesförändrat tillstånd framkallat av sprit. Jag ville bara vara nykter.

38.

Jag kände mig skyddad den första tiden. Jag ägnade dagarna åt att ta hand om mig själv och att gå på möten. Frågan om hur jag skulle försörja mig var förstås överhängande, men jag hade satt en tidsgräns för mig själv; i maj månad skulle jag ha ett jobb. Jag lät inte min oro ta överhanden mer än korta stunder och jag sökte inga jobb. Kände bara vissheten att det snart skulle vara löst.

En morgon i april ögnade jag som jag brukade snabbt igenom jobbnotiserna jag hade fått i mailet från LinkedIn. Man sökte vikarierande SFI-lärare. Sverige hade precis tagit emot en stor grupp flyktingar och behovet var överhängande. Jag hade en kontakt hos arbetsgivaren och reagerade omedelbart och utan att tänka. Samma eftermiddag stod jag framför en grupp utländska akademiker från alla världens hörn.

Jag hade aldrig undervisat i svenska förut. Däremot hade jag själv gått på ett antal internationella språkkurser, både för mitt eget nöjes skull och inför arbetet i Guinea-Bissau. Miljön och känslan var mig välbekant. Från första stund kände jag mig som fisken i vattnet. Undervisningen i portugisiska jag hade fått på Sandö-U-centrum och i Lissabon hade varit en praktiskt inriktad pedagogik utan specifik kurslitteratur precis som här och minnet av rollspel och att läsa enkla tidningsartiklar på det nya språket kom snabbt tillbaka. Ändå kan jag fortfarande själv förvånas över språnget jag gjorde från soffan hemma i mitt vardagsrum och mobilen med jobbnotiserna till klassrummet i Västra Hamnen med tjugofem högutbildade, supermotiverade människor med öronen och koncentrationen på helspänn.

Jag hade betalat mina räkningar och hade mat i frysen. I övrigt var min budget i stort sett obefintlig. På anslagstavlan nere i trapphuset hängde en morgon ett presentkort från Skånetrafiken med tre oanvända resor kvar som en vänlig granne tydligen inte behövt. Det korta sjukviket jag fått efter ett antal strödagar i Malmö var i Lund och presentkortet med resorna kom som en skänk från ovan. »Någon vill att jag ska jobba med detta« reflekterade jag och min tacksamhet var stor. Sakta men säkert började jag sätta mig in i rutinerna med undervisning och administration och efter några månader fick jag ett längre vikariat så jag kunde börja planera mitt liv och min ekonomi igen.

Förberedelserna för lektionerna var det som tog längst tid och ibland kändes det helt hopplöst för mig att få till något meningsfullt. Grammatiken var det som var svårast och som för mig innebar ett intensivt pluggande inför varje ny nivå, men det kompenserades väl av jag lektionen efter kunde spela rollspel och träna »torghandel på Möllevångstorget« och få höra trettio elever från kanske tjugo olika nationer skratta tillsammans. De flesta var flyktingar från Mellanöstern, men i grupperna fanns också kärleksinvandring, arbetskraftsinvandring och medföljande partners. Djup sorg blandades dagligen med hopp och kärlek och många vänskapsrelationer utvecklades över nationsgränser och religioner.

39.

Livet blev enklare att leva. All tid jag ägnat åt att inte bara konsumera rödvin, utan framför allt åt att drömma, fantisera och planera för nästa glas, var nu plötsligt tillgänglig för andra aktiviteter. Humöret blev bättre, tröttheten försvann och bilden av mig själv som ett offer för olyckliga omständigheter fick en rejäl knäck.

Jag vill inte påstå att allt detta kom i ett svep. När jag i AA fått till mig att jag bara fick självömka max fem minuter om dagen hade jag skrattat. Det var en omöjlighet. Absurt. Men jag lärde mig att träna. En dag i taget. Be om att få höra budskapen från rösten inom mig. Lära mig att tiga och lyssna. Tills den dagen kom när fem minuters självömkande plötsligt kändes oöverstigligt.

40.

Jag satt i taxin mellan Toulouse och Carcassonne tillsammans med en av mina äldsta vänner. Planet från Schiphol hade varit försenat och hade landat i Toulouse långt efter att tågen slutat gå. Jag skulle fira min födelsedag med att återvända till Languedoc, den del av sydvästra Frankrike jag lärt mig älska under en sommar på ett avlägset sjuttiotal.

Det var en liten annons i Sydsvenskan som hade fångat mitt intresse den gången för fyrtio år sedan. Texten i annonsen hade lytt ungefär så här: »Studera franska 8 v på Chateau des Cheminiére i Castelnaudary.« Jag hade inte kunnat släppa tanken. Jag hade trots mitt brinnande rättvisepatos och mina vänstersympatier alltid haft en hemlig passion för kungar och drottningar, historia och slott. Gärna franska slott och det var som om namnet Castelnaudary väckte gömda minnen till liv. Kanske var det något mer än det franska språket och vinslott som hade kallat. Kanske var det också minnen från upplevelser många hundra år tidigare av katarerna, det folk som hade levt i södra Frankrike på medeltiden och spridit det de menade var den ursprungliga kristendomen, förd till landet av Maria Magdalena, änkan efter Jesus.

Veckorna på slottet Chateau des Cheminiére blev några av de roligaste i mitt liv och jag lärde känna det vackra franska landskapet, de små byarna och kulturen på ett bekymmerslöst sätt. Vi var studenter från hela Europa och sanningen att säga utvecklade jag mest det engelska språket, även om jag lyckades ta till mig lite franska på lektionerna.

Nu var slottet sålt till Främlingslegionen och det fanns ingen möjlighet att besöka det. Men inte långt från Castelnaudary låg medeltidsstaden Carcassonne med sin enorma fästning och vi foten av den hade vi hyrt in oss på ett litet chambre d´hôtes.

Känslan när taxin passerade avfarten till Castelnaudary och när jag återsåg siluetten av det enorma fästningskomplexet i Carcassonne senare på natten var overklig. Som en resa i tiden. En resa till tiden före socialhögskola, hjälparkomplex och medberoende. Pyrenéerna, den mäktiga bergskedjan som på avstånd vakade över staden ingav trygghet och det kändes som om glädjen som spred sig inom mig tvättade bort hela decennier av ackumulerad sorg och självpåtaget lidande och jag blev plötsligt bara den vanliga glada Viveka igen.

En kväll när vi i fullmånens sken passerade Porte Narbonnaise, en av ingångarna till fästningen, på väg hem från en sen middag inne i den gamla staden, förstod jag varför det hade varit så viktigt för mig att återvända;

Detta var landet där man kunde se mellan dimensionerna. Där saker skedde som vanligtvis inte sker. För en kort stund hade jag varit tillbaka i historien. Skepnader från en annan tid hade rört sig runt mig och mitt hjärta hade klappat vilt i bröstet. Fästningens höga murar som spöklikt reste sig mot natthimlen hade omslutit skuggorna när de långsamt bleknade bort. Jag hade försökt lugna mig och intala mig att det jag sett varit en dröm. Men djupt inom mig visste jag nu, bortom allt tvivel, att verkligheten som jag tidigare känt den i tre dimensioner bara var en liten del av en rikare, mångdimensionell värld och att en spricka i tiden hade öppnat sig.

Katarerna hade vetat det. De hade varit medvetna om platsens betydelse. Från Pyrenéerna hela vägen till Medelhavet hade de vandrat barfota genom bergskedjor, skogar och byar och själva marken de trampat hade främjat deras andliga växt och öppnat upp intuitionen inom dem.
Deras lära hade inte predikat den intellektuella förståelsen av Gud. Den hade predikat hjärtats budskap. Utan profeter, utan symboler och kyrkor hade katarerna levt sitt enkla liv i tolerans och gemenskap. Kvinnor och män. Judar, kristna och araber. Alla på lika villkor. Vägrat att inordna sig och därför blivit förföljda av den katolska kyrkan och inkvisitionen.
Så det var inte minnet av förföljelsen som hade kallat på mig som jag tidigare trott. Det var minnet av detta områdes skönhet och starka, speciella energi som hade sökt mig.

Guilhem Belibaste, den siste kände katarperfekten, hade pekat på marken när han leddes till bålet 1321 och förutspått att katarerna skulle återvända »om 700 år när lagerträden blommade« och det kändes som om profetian var uppfylld.
Tiden var kommen. Snart skulle ingenting längre kunna döljas.
Vem band kransar av lagerträdets kvistar om inte de som vunnit segern.

Precis som så många andra som i sekler, genom liv efter liv, burit katarernas budskap inom sig om att fritt tänkande ska hyllas inte förföljas, hade jag kommit tillbaka till landet dit hjärtat en gång ledde mig.

Dagarna i Carcassonne och de vackra omgivningarna blev återigen fantastiska minnen för livet. Skaldjuren i Gruissan, färden på Canal du Midi och det lilla kapellet vid Pont Vieux fyllde mig med återseendets glädje och jag kände att min livskraft var på väg tillbaka.

41.

Ett par år senare stod jag utan jobb. Ett annat utbildningsföretag vann upphandlingen av uppdraget jag arbetade med. Vid det laget hade jag fått en fast anställning och hade skiftat inriktning från SFI-lärare till att arbeta med akademiker som hade en utländsk examen inom samhällsvetenskapliga ämnen. De skulle gå ett Snabbspår för samhällsvetare för att sedan kunna kombinera sin examen med nyfunna kunskaper i svensk förvaltningsrätt. Kompetensen skulle användas till att söka jobb på svenska myndigheter, som vid tidpunkten hade svårt att rekrytera välutbildad arbetskraft. Mitt uppdrag hade varit att drilla dem i svenska språket och ge en första inblick i hur de svenska grundlagarna och den svenska förvaltningsmodellen var uppbyggda. Återigen. Roliga år. Jag hade ett gammalt intresse för statskunskap som jag fick användning för och fortfarande en ganska schysst bild av hur den svenska demokratin fungerade.

Men så tog det alltså slut. Både uppdraget och senare också min övertygelse om att de svenska grundlagarna var okränkbara och att staten var den goda förälder jag saknat i uppväxten. Ytterligare en cirkel var sluten.

Men i och med uppsägningen öppnades en annan väg och det erbjöds mig plötsligt en möjlighet att gå vidare och avsluta min utbildning till gestaltterapeut.

42.

Gestaltterapin hade kommit till mig i mitten på 90-talet. Jag hade omedelbart blivit intresserad av terapiformen, som fokuserade på medveten närvaro och som använde okonventionella metoder som »tomma stolen« där man kunde dramatisera och återskapa händelser och relationer i nuet. Jag hade aldrig fortsatt jobba med gestaltterapin efter den inledande grundkursen, men min längtan efter att få känna samstämmighet, en kongruens, inom mig fanns kvar. Upplevelsen som jag fått på den första kursen av att jag sagt att jag ville vara på ett sätt, men att jag i verkligheten fungerat och uppfört mig på ett annat hade aldrig riktigt lämnat mig. Helt oväntat hade jag nu fått tillfälle att gå ett påbyggnadsår och fortsätta utforskandet och dessutom certifiera mig som gestaltterapeut.
Jag var överlycklig.

Det var min lärare på denna andra gestaltutbildning som gjorde mig uppmärksam på myten om den sårade helaren och det var här som »socialsekreteraren« och »klienten« återigen mötte varandra från sina olika sidor skrivbordet. Minnet av min terapeuts ord för snart trettio år sedan hade aldrig riktigt lämnat mig. *»Så du skyndade dig in på rätt sida skrivbordet?«* Orden ekade fortfarande i mig. Stunden för avgörande var kommen. Här i terapirummets skyddande atmosfär skulle det slutliga slaget avgöras. Jag skulle få sitta på bägge sidor skrivbordet och gå in i bägge rollernas identitet.

Upplevelsen hade varit smärtsam. »Socialsekreterarens« undfallande attityd när jag först gick in i hennes »roll« och hennes försäkran om att hon sannerligen inte visste bättre än någon annan hade gjort »klienten« rasande och besviken och jag hade känt hur det kokade i kroppen på mig när jag satt på »klientens »sida. Han var ju där för att få hjälp. Här satt hon och bad om ursäkt för att hon fanns.

Maktförhållandet hade skapat en viss förvirring i min utbildningsgrupp som jag minns det, och skapat en ännu större förvirring i mig själv. Varför hade jag inte kunnat gå in i hjälparrollen med glädje utan tvärt om skämts för att jag befann mig i den?

Idag vet jag att det berodde på att jag inte hade helat mig själv först. Att jag inte hjälpte från ljuset. Att klienten var den del av mig jag inte ville kännas vid och att jag därför placerade ett skrivbord mellan oss.

43.

Men mitt sökande var inte slut. Jag var nykter. Hade fått ett nytt liv. En ny chans. Nu skulle mina nyförvärvade insikter omsättas i praktiken. En natt kom rösten till mig igen, rösten som var bärare av viktiga budskap. Jag hörde den tydligare än någonsin. »Visa Viveka«, sa den. »Visa Viveka«. När jag vaknat hade jag försökt uttyda om rösten menat att jag blivit vis eller om den menade att jag skulle visa upp mig, men inte kommit fram till ett svar. Till slut hade jag accepterat att det kunde innebära bägge delar samtidigt.

Jag började använda orden som ett mantra. »Visa Viveka« tänkte jag inför beslut jag var osäker på. "Visa Viveka«, »Visa Viveka«, försökte jag komma ihåg att tänka när jag inte visste vad jag skulle säga och vid varje tillfälle kom orden lättare och jag behövde inte lägga dem tillrätta i munnen på mig innan jag talade.

Jag trodde att jag var framme vid slutdestinationen och att jag nu äntligen skulle sätta upp en terapimottagning igen och börja dela med mig av mina erfarenheter, men så var det inte. Orden ledde mig istället till ett litet hus.

Jag såg huset för första gången en gråkall regnig januaridag. Det höll på att renoveras och det låg skyddspapper, lösa brädor och verktyg överallt på golven. Det saknade innerdörrar och hade en halvfärdig köksinredning, men vad brydde jag mig om det; i anslutning till köket låg ett litet växthus. Mina drömmars växthus! Ett eget rum där jag i skuggan av citronträd och luktärter skulle kunna njuta av mitt liv. Kanske skriva boken jag alltid drömt om att skriva. Jag blev förälskad och fattade på stående fot beslutet att flytta dit.

Så blev det också och fem veckor senare var lägenheten i Malmö såld och ytterligare några veckor senare flyttade jag till huset i Blekinge som nu i stort sett var färdigrenoverat.

EFTERORD

Grottan du är rädd för att gå in i håller skatten du söker.
– Joseph Campbell

En natt under de första månaderna i huset efter att jag hade börjat skriva denna bok drömde jag att jag fick en biljett, en buss- eller tågbiljett, av en ung vacker man. Vid biljetten var häftat en »extrabiljett« skriven i guldtext och med en guldkant runt om. Det var en »gratisresa« till ett par nyuppstigna öar. Shetland? Surrey? Jag letade i minnet när jag vaknat, men kunde inte riktigt minnas namnet. Under drömmen hade jag sett bilden av en strömvirvel i mörkret och jag visste att drömmen var viktig. Ett svagt minne från barndomen kom till mig och jag googlade »nyuppstigna öar«. Där fick jag svaret direkt; 1963, när jag var sex år, föddes ön Surtsey utanför Islands kust. Den bildades genom en eruption djupt under havsnivån och utgjorde idag Islands sydligaste punkt. Jag häpnade. Nytt territorium. Jag hade fått en biljett utskriven i guld till ett nytt territorium. Av mig själv. Till en ny bit av Viveka.

Drömmen stärkte mig i min övertygelse om att alla som så önskar, i alla fall i korta stunder, kan välja att betrakta sina liv, eller delar av sina liv, som en resa med ett universellt mönster; med en kallelse, avfärd och ett steg utan återvändo över tröskeln till äventyret. Uppleva resan ner i underjorden, den symboliska döden, uppstigningen, klivet tillbaka över tröskeln och slutligen hemkomsten. En hjälteresa helt enligt den amerikanske författaren Joseph Campbells mönster.

Jag hade avverkat en första resa. Kommit hem igen, visserligen ärrad och med bulnader och blåmärken, men jag hade erövrat nytt territorium. Tiden var nu kommen att dela med mig av mina erfarenheter, allt enligt devisen »En hjälte är den som först helar sina egna sår. Sedan talar om för andra hur hon gjorde.« Boken skulle skrivas.

HÄR ÄR FEM INSIKTER JAG GJORT UNDER MIN RESA:

1. Den första handlar om mitt inre barn. Det var hon som fick såren. Det var hon som lärde sig att inte prata, inte känna något och som utvecklade en ansvarskänsla som gjorde det enklare att ta hand om andra än sig själv.

2. När lilla Viveka tog risken att uttrycka sin sorg och smärta kunde hon släppa taget om sin börda, frigöra sig från sitt förflutna och börja läka.

3. För det andra lokaliserade jag dramat i mitt liv. När jag lärde mig att desidentifiera mig från händelser och otrygga relationer som liknade de som jag växt upp med kunde jag bli en vuxen som inte längre var fången i reaktioner från barndomen.

4. Den tredje och kanske viktigaste var att Jag kom till insikt om att det fanns en kraft större än mig själv. En kraft som är ren kärlek och visdom och som jag alltid bär med mig i mitt hjärta. I varje ögonblick av mitt liv har jag valet att antingen identifiera mig med dramat eller den del av mig som står i kontakt med ljuset och kärleken.

5. Den fjärde insikten tog lång tid att göra; sanningen gör mig fri. Min sanning är att förlåtelse inte bara är möjlig utan nödvändig och att varje människa vid varje enskild tidpunkt i livet gör så gott hon kan. Det finns ingen skuld. Bara en evigt pågående transformation från mörker till jus.

6. Slutligen vill jag säga att jag är en värdefull kvinna. Värd att älskas och värd att respekteras. En oumbärlig del av helheten med en evig själ. Min uppgift är vara glad och följa min lycka. Att lysa så starkt att jag kan reflektera ditt ljus och visa att kärlek är möjlig. Alltid.

Hon sitter i växthuset och tittar sig belåtet omkring, mycket nöjd med det nya valet av bostad. Det är höst. Alla träd är samlade för vinterförvaring. Längs fönsterna av glas klättrar fortfarande de tåligaste sommarblommorna på sina spaljéer och gasolkaminen sprider en behaglig värme.

Viveka planerar för vintern. Växthuset ska lysas upp av ännu fler ljusslingor. När hon sluter ögonen kan hon föreställa sig hur det lilla huset kommer att gnistra i mörkret och fylla alla som ser det med förundran och för ett ögonblick känner hon lilla Vivekas intensiva glädje i magen.